장로의
헌신,
장로의
영광

장로의 헌신, 장로의 영광

초판 1쇄 2019년 10월 1일
초판 2쇄 2022년 12월 30일

지은이 이만규
펴낸이 박종태
펴낸곳 비전북
출판등록 2011년 2월 22일(제2022-000002호)

마케팅 강한덕, 박상진, 박다혜
관리 정문구, 정광석, 김경진, 박현석, 김신근, 정영도
경영지원 이나리, 김태영
주소 경기도 파주시 월롱산로 64
전화 (031) 907-3927
팩스 (031) 905-3927

디자인 디자인집 02-521-1474
인쇄 예림인쇄

공급처 (주)비전북
전화 (031) 907-3927
팩스 (031) 905-3927

ISBN 979-11-86387-07-08

장로의
헌신,
장로의
영광

이만규 지음

비전북

감사의 글 ⌒⌒

책을 쓰고 책을 출판하는 일이 그렇게 쉬운 일은 아니지만 여러분들의 권유와 도움으로 정말 자의 반 타의 반으로 이 책을 쓰고 출판하게 되었습니다. 평생 목회만 했고 아는 것이라고는 목회밖에 없기에 이 책 역시 학문적인 접근보다는 목회 경험으로 얻은 지혜를 모은 것이며 장로들에 대한 공적, 개인적 바람을 모은 것이기도 합니다.

이 책은 장로에 대한 학문적 연구서라기보다는 장로의 교회 섬김 매뉴얼이라고 할 수 있습니다. 장로가 어떤 태도로 교회를 어떻게 섬겨야 하는가에 대한 안내서라고 할 수 있을 것입니다. 장로에 대한 성경의 가르침과 또 교회법에서 규정한 장로 직에 대한 간단한 설명은 기술했지만 그보다는 교회 치리회원으로서의 장로는 그 직분을 잘 감당하기 위하여 어떤 자격과 준비를 갖추어야 하고 장로의 주된 직임은 무엇이고 또 어떤 태도로 신앙생활을 해야 하고 어떻게 교회를 섬겨야 하는가에 대한 장로의 교회 섬김의 안내서라고 할 수 있습니다.

한국교회 거의 모든 교회가 교회 행정과 권징을 담당할 치리회원으로서 장로 제도를 가지고 있고 또 실제로 장로들이 교회를 이끌고 있지만 실제로 장로의 교회 섬김의 바른 자세와 섬김의 구체적 방법에 대한 안내가 없는 형편이기에 구체적 안내의 필요성을 따른 것입니다.

이 책은 특히 오랫동안 장로회신학대학교 평신도교육대학원의 실무를 담당하여 오신 예배와설교아카데미 대표이신 김현애 교수님과 비전북 박종태 사장님(일산동안교회 장로)의 기획으로 집필되었음을 밝히며 감사를 드립니다.

　또한 부족한 사람과 30여 년을 동역하며 도와주신 신양교회 장로님들과 성도님들께도 감사를 드립니다. 그리고 나의 목회사역 연구와 목회 코칭 그리고 교회론 연구를 위해 든든한 후원자가 되어 준 나의 오랜 친구 이종만 장로(한국목회사역연구소 이사장)와 연구소 여러 이사님들께도 감사를 드립니다. 또한 묵묵히 나의 목회와 사역을 기도로 도운 기도의 사람인 아내 정유찬에게 감사합니다. 이 책의 출판을 위해 수고하신 박종태 사장님과 모든 관계자 여러분께도 감사를 드립니다. 이 책이 한국교회에 조금이나마 도움이 되기를 바라는 간절한 마음으로 이 책을 내어놓습니다.

2019년 9월
한국목회사역연구소
소장 이만규 목사

목 차

7. 장로, 이렇게 섬겨라

추천사 ～✢

　이만규 목사님은 존경받는 목회자요, 목회자를 세우는 목회자입니다.

　저는 이목사님께서 총회 목회정보정책연구소에서 발간하는 총회 목회 매뉴얼 발간위원장 및 편집위원장으로 계실 때에, 발간위원 중에 한 명으로 있으면서 이목사님을 알기 시작했고, 총회 국내선교부 장과 부총회장, 총회장으로 일하게 되면서 이목사님을 가까이 대하게 되었습니다.

　이목사님은 섬기는 신양교회를 "사람을 살리고 사람을 세우는 교회"라는 목회 철학 하에서 건강하고 은혜로운 교회로 목회했고, 자신의 경험과 목회 철학을 한국목회사역연구소를 통해 매년 목회세미나를 하면서 많은 목회자들이 신년목회계획을 세울 수 있도록 섬겨왔습니다.

　제가 경험한 이만규 목사님은 언제나 교회와 교단을 위하는 입장에서 신앙적인 기준과 건전한 판단으로 바른 길을 제시하는 지혜로운 선각자요, 목회자들의 목회활동을 실제적으로 돕는 안내서로 예배, 설교, 영성, 교육 등 14분야의 목회 매뉴얼을 기획하고 편찬하는 일을 완성해 나가는 추진력을 가진 목회행정가입니다.

이번에 이목사님이 그동안의 목회 경험을 통해 집필한 『장로의 헌신, 장로의 영광』을 읽어보고, 역시 목회의 동역자인 장로님들을 돕기 위한 실제적인 안내서라는 생각을 했습니다. 장로는 누구이며(정체성), 어떤 준비가 필요하며(자격과 준비), 무엇을 해야 하며(직임), 장로는 가정생활과 교회생활을 어떻게 해야 하며, 어떻게 교회를 섬겨야 할지를 구체적으로 알려주는 이 책은 장로학을 말하는 것이 아니라 장로의 섬김의 자세를 잘 설명해 주는 책이기에, 새로 임직하는 장로들과 그분들을 교육하는 목회자들에게 실제적인 지침서가 되리라고 생각합니다.

여러모로 어려움에 처해 있는 한국교회를 세우는 일에 이 책이 유용하게 사용되기를 기대하며 추천의 글을 보내드립니다.

대한예수교장로회통합 총회장

평촌교회 림형석 목사

추천사 ⤳

흔히들 "목사는 장로를 잘 만나야 한다"고 합니다. 교회의 안정과 부흥을 위해서라고 합니다. 상대적으로 "교회는 목사를 잘 만나야 한다"는 얘기도 들립니다. 역시 교회의 안정과 부흥이 이유입니다.

옳은 말입니다. 그럼에도 마음 한구석에 찾아오는 불편함은 어쩔 수가 없습니다. 목사대 장로의 대결구도로 느껴지는 것은 괜한 기우인 것일까요? 아니면 한국교회 전반에 걸쳐 인식된 현실인 것일까요?

언제부터인지 목사와 장로는 대립된 개념으로 이해되기 시작했습니다. 혹자는 이를 '정치적' 관점에서, 어떤 이는 '계급적' 논점으로 해석합니다. 모두 다 타당한 지적입니다. 그럼에도 쉽게 간과하고 있는 것은 목사나 장로 모두가 '하나님의 부르심'에 의해 택함을 받고 '거룩한 사명'을 부여받은 그리스도이신 예수님의 제자라는 점입니다.

이러한 이유로 그리스도 예수님의 피값으로 세운 교회공동체와 '복음'을 위한 열정과 헌신, 희생은 아무리 강조해도 지나침이 없을 것입니다.

어느 공동체든지 부흥은 반갑고 감사한 일입니다. 하나님의 역사하심을 역동적이고도 경험적으로 체득할 수 있기 때문입니다. 동시에 부흥은 공동체의 제도를 비롯한 일종의 구원들 사이에 약속들이 체계화됩니다. 교회에서는 이를 교회법이라고 부릅니다. 그렇다고 구성원들이 자의적으로 만들 수는 없습니다. 말씀(성경)이 말하는 바에 따라, 말씀에 비추어, 말씀으로 체계화되며 조직된다고 할 수 있습니다.

목사와 장로 모두가 교회공동체의 '유토피아'를 꿈꾸지만, 결국 공동체에서 말씀에 비추어 공동체의 약속으로 탄생한 법칙들을 현실에서 이루고자 노력하는 길이라 할 수 있을 것입니다.

이만규 목사님의 『장로의 헌신, 장로의 영광』은 목회 40년 세월을 담아낸 노력의 결실이라 할 수 있습니다.

이목사님은 '관계의 위기'로 '교회 위기'가 겹쳐지는 현실 문제에 대한 '광야에서 외치는 소리'입니다. 교회 성장을 목표로 과도한 경쟁 속에 '성장제일주의'에 대한 준엄한 경고를 통해 그리스도이신 예수님의 공동체로 하나 되어 하나님의 나라를 세워가고자 했습니다.

"역시 이목사님!"

나도 모르게 외친 한마디입니다.

나와 이목사님은 100회기 총회를 준비하면서 더욱 돈독해졌습니다. 총회 준비위원장으로서 100회기 총회를 실제적으로 준비해 주신 분입니다. 또 총회한국교회연구원의 전신인 총회목회정보연구소 이사장으로 매우 각별한 사이입니다.

통합교단이 자랑하는 목회 매뉴얼의 토대를 마련하고 열매 맺게 하신 일등공신이기도 합니다.

목회 매뉴얼의 영역을 14개로 정하고 현재 12개 영역의 매뉴얼이 출판되었습니다. "사람을 살리고 사람을 세우는" 목회 비전에 대한 이 목사님의 '외고집'이 그대로 담긴 목회 매뉴얼은 한국교회의 목회 매뉴얼이 되었습니다.

『장로의 헌신, 장로의 영광』도 사람을 세우는 비전의 연장선에서 탄생한 결실입니다.

목사든지 장로든지 현장에서 고민하는 바가 없을 수 없습니다. 고민은 점차 갈등이 되고 대립으로 번질 불씨를 남겨둡니다. 해법을 위해 이곳 저곳을 찾기 마련입니다. 현실적인 대안들이 귀를 쫑긋하게 하지만 그렇다고 썩 내키지 못할 때도 있습니다. 이럴 때 매뉴얼이 있다면 얼마나 편리할까요!

이런 점에서 『장로의 헌신, 장로의 영광』은 지침서이자 안내서로 정의할 수 있습니다. 교회 내에 존재하는 크고 작은 문제들을 어디에서부터 어떻게 접근하는 것이 좋을지, 어떻게 이해하고 정확하게 해석해야 하는지를 '성경'과 '교회법' 사이에서 균형 있게 설명해 줍니다.

또한 장로는 어떻게 준비되어야 할지, 장로 직분자로서 교회와 사회에서 어떠한 모습으로 살아가야 할 것인지, 교회 내에서 예배자로 세움 받기 위한 실제들, 장로 사역의 실제적 방향 등을 제시해 줍니다.

건강한 교회공동체를 위한 최선의 길을 제시하는 노력과 기술이 필요할 때입니다. 이 책 속에 길이 보입니다. 이목사님이 제시하는 길은 목회의 평생을 "사람을 살리고 세우는 일"에 바쳤던 '깊은 영성'과 '눈물', '헌신'이 그대로 담겨져 있기 때문입니다.

이제 최대한 귀를 기울여 듣고, 성령님이 이끄시는 길을 향해 한 발 내딛어 봅시다. 그토록 갈급하던 길이 보일 것입니다.

예장통합100회기 총회장

총회한국교회연구원 이사장

본향교회 채영남 목사

추천사 ～ひ

　장로는 하나님께서 교회를 더 든든히 세워가기 위해 친히 부르시고, 사명을 주신 직분자입니다. 장로는 목회자와 함께 호흡을 맞추고, 성도들을 섬기며, 균형 잡힌 생각과 실천을 동시에 감당해야 하는 결코 쉽지 않은 직분이기에 끊임없이 자아를 성찰해야 하며, 지속적인 자기 갱신이 필요합니다.

　이에 이만규 목사는 지난 40여 년 간 목회현장에서의 경험을 토대로 장로가 가져야 할 태도와 기본기, 또 어려운 과제 앞에서 목회자와 함께 협력하여 지혜롭게 문제를 해결하는 방법 등을 이 책에 담아냈습니다.

　이 책은 장로의 정체성, 장로의 자격, 장로의 준비, 장로의 직임, 장로로서 사는 삶, 장로의 교회생활, 섬김의 태도 등 장로에 관한 모든 것을 담고 있습니다. 그 가운데 자신이 시무했던 교회의 좋은 예를 소개하기도 하고, 젊은 시절 충성된 조력자에 대한 기억을 나누기도 합니다. 성경이 말하는 원리로부터 구체적인 섬김의 방법에 이르기까지 참으로 많은 조언이 담긴 책이라 하겠습니다.

목회적 관점에서 장로됨에 대해 기술한 이 책은 교회를 교회답게 세워가기를 소망하는 한국교회의 모든 장로들에게 지침서요 길잡이가 될 것입니다.

장로라는 영광스러운 직분을 받아 그 사명을 감당하는 한국교회의 모든 장로들에게 이 책을 권합니다. 장로라는 공적인 삶을 살아내며 순간순간 힘든 일이 있을 때마다 내내 곁에 두고 펼쳐보며 우리 하나님이 주시는 위로를 경험하시기를 바랍니다.

또한 자신의 부족함을 일깨울 줄 아는 성숙함 가득한 장로들을 통해 한국교회가 다시 한 번 이 땅 위에 하나님의 영광을 나타내는 도구로 사용되기를 소망합니다.

장로회신학대학교

총장 임성빈 박사

추천사 ～◡◝

장로의 필독서로 추천합니다.

세상에는 수많은 책들이 출판되고 있습니다. 출판되는 책들이 어떤 목적으로 쓰였든지 간에 읽을 만한 좋은 책에는 몇 가지 공통점이 있습니다.

"독자들을 공감하게 하고 감동케 하는가? 새로운 지식을 제공하는가? 생각을 변화시켜서 삶의 방향을 바로 잡아 주는가? 필자가 전하고자 하는 메시지에 전적으로 동의하고 마음을 같이하게 하는가?"

이런 질문에 "그렇다"고 긍정적인 대답을 할 수 있다면, 그 책이야말로 좋은 책이라고 할 수 있을 것입니다.

이만규 목사님은 우리 교단에서 드러나지 않으면서도 교단 발전을 위해 총회 목회정보정책연구소를 세워 이사장으로 헌신하신 결과, 오늘의 총회 한국교회목회연구소가 세워지는 주춧돌을 놓으셨으며, 총회 창립 100주년 기념 목회 매뉴얼 발간 및 편집위원장으로서 한국교회에 목회 표준화 작업의 기초가 되는 목회 매뉴얼을 발간하는 데에 주역을 담당하셨습니다.

이목사님을 잘아는 분들은 이목사님을 목회자이면서 실천적 신학자라고 호칭하는 것이 어울린다고 생각하면서, 소장한 책과 원고, 자료들을 정리하여 후배 목회자들에게 그동안의 경험과 지혜를 나누어 줌으로써 한국교회에 작은 선물이라도 남기고자 하는 마음에서, 목회사역의 바쁜 일정 속에서도 21세기목회연구소와 총회 목회정보정책연구소를 운영한 경험을 살려, 40여 년의 목회를 은퇴하면서 한국목회사역연구소를 설립하고 그 첫 열매로 이 책을 출판하게 된 것입니다.

이 책은 "장로학"이라기보다는 "장로의 교회 섬김의 자세"에 관한 책입니다. 기본적으로 장로의 자기 정체성을 바로 갖기 위하여 성경 그리고 교회법에서 말하는 장로란 무엇이고, 장로로서 직무를 바로 수행하기 위하여 어떤 자격이 필요하고, 장로로서의 준비는 어떻게 해야 하고, 장로가 해야 할 주된 직임이 무엇인가 하는 기본적이고 일반적인 장로 됨의 문제를 다루고 있습니다.

그리고 장로는 교회의 직원으로서 어떤 삶을 살아야 할 것인가 하는 개인적이지만 공적인 삶에 대한 안내와 삶의 태도를 기술했고, 특히 중요시한 것은 장로의 교회생활 중에서도 예배와 기도 그리고 헌금생활에 관하여 안내하고 있습니다. 아울러 장로가 교회를 어떻게 섬겨야 할 것인지에 관하여 안내하고 있습니다.

무엇보다 저자의 40여 년 간의 목회생활을 통하여 장로와의 관계에서 느끼고 아쉬웠고 또 기대했던 목회 현장에서의 경험을 토대로, 교회를 세워 나가는 장로의 바람직한 교회 섬김에 관하여 목회적 관점에서 기술하고 있습니다. 장로가 무엇이고, 어떤 자격을 갖추고 어떤 태도와 신앙으로 교회를 섬겨야 할 것인지에 대한 목사의 바람을 목회적 관점에서 기술한 것입니다. 교회 현장에서 장로란 어떤 존재이고, 어떤 존재가 되어야 할 것인가에 대한 목회자의 기대에 관한 책이라고 할 수 있습니다.

많은 사람들은 오늘의 한국교회를 위기라고 말하고 있으며, 그 위기의 단초 중의 하나가 교회의 갈등과 분쟁이라고 할 수 있습니다. 교회의 갈등과 분쟁은 목사와 장로가 그 중심에 있다고 해도 과언이 아닐 것입니다. 이러한 시기에 건강한 교회를 통해 교회의 본질을 회복하고, 세상의 빛과 소금의 역할을 감당하는 교회를 세워가는 목사님을 동역하는 장로의 사역에 꼭 필요한 책이라고 생각합니다.

이 책 속에는 이목사님의 치우치지 않은 올곧은 신앙과 삶의 철학이 담겨 있으며, 평소의 목회 철학인 "사람을 살리고 사람을 세우는 교회"를 세워가는 일에 함께하는 장로들의 사역의 지침서가 될 줄로 생각합니다.

이 책은 장로가 목사를 목회 전문가로 인정하여 건강한 교회를 세워

이 땅에 하나님의 나라를 확장하는 사명을 감당하게 하는 데 협력함으로써 하나님을 기쁘시게 하고 하나님의 뜻을 이루어 가게 하는 소중한 길잡이가 될 것이라 확신하면서, 이 책을 장로로 시무 중인 분들의 은퇴준비를 위해, 그리고 앞으로 장로로 임직하실 분들의 성공적인 사역을 위한 필독서로 추천합니다.

한국목회사역연구소 이사장
아름다운교회 원로장로
이종만 장로

추천사 ⟋◯⟍

경험의 열매인 이 책을 추천합니다.

근 30여 년 간을 저와 함께 신양교회를 동역하신 이만규 목사님께서 목회를 통해 경험하신 지혜를 모아 이번에 장로의 교회 섬김을 안내하는 책『장로의 헌신, 장로의 영광』을 출판하게 되셔서 참으로 기쁘고 축하하고 많은 선후배 동료 장로들에게 추천합니다.

이만규 목사님은 참으로 힘들고 어려운 목회 환경에서도 복음에 대한 열정과 성도들과 교회를 사랑하는 헌신으로 교회를 안정되게 이끌어 오셨고, 특히 많은 문제 가운데서도 우리 장로들과의 지혜로운 조화로 그 어느 교회보다 평화롭게 당회를 이끌어 오셨습니다. 그가 교회를 은퇴하고 후임자를 모시는 일에 그의 후임자 추천에 당회나 제직회 그리고 공동의회에서 한 사람의 반대나 이의가 없이 동의하였다는 것은 그 확실한 증거가 될 것입니다.

본서는 장로학이라기보다는 그의 경험을 통하여 얻어진 장로의 교회 섬김의 지혜를 나누는 책이라고 할 수 있을 것입니다. 교회를 바로 섬기기 위하여 장로 스스로 어떤 정체성을 가져야 하고, 장로의 주된 직무가 무엇이고, 또 어떤 자세로 교회를 섬겨야 하는가에 대한 친절한 안내서라고 할 수 있을 것 같습니다. 장로가 되면 누구나 다 교회를 바로 잘 섬기는 충성스러운 하나님의 종으로 쓰임 받기를 원하지만 사실 장로의 직무에 대하여 그리고 교회 섬김과 특히 목회자와의 관계에 대하여 구체적인 훈련을 받을 기회가 거의 없고 당회 아래서 5개월 이상 훈련을 받게 되지만 거의 형식적인 절차일 뿐입니다. 장로가 되기 위해 노회 고시를 치르지만 그것 역시 통과의례일 뿐이어서 이런 구체적인 안내가 필요한데 장로들의 직무 수행을 위한 참으로 적절한 안내서가 될 것 같습니다.

장로가 되실 분들이나 이미 장로로 섬기고 계시는 분들 역시 이 안내서를 통하여 교회 현장에서 구체적 장로 실무와 바른 태도를 잘 안내 받아서 충성스러운 하나님의 종으로 쓰임 받게 되기를 바랍니다. 저자와 함께 교회를 섬긴 지난 30여 년을 감사하며 경험의 결정체로 묶인 이 『장로의 헌신, 장로의 영광』을 추천합니다.

신양교회 원로장로
예장통합 전국장로회연합회 전 회장
남선교회전국연합회 전 회장
평북노회 전 노회장
정승준 장로

추천사 ∽୨

평생 목회만 하시다가 은퇴하시고 은퇴하고서 꼭 하고싶어 하시던 집필을 하신 이만규 목사님께 진심으로 축하드립니다.

한국교회가 여러가지로 위기를 만난 시기에 적절한 주제를 선택하셨습니다. 평생 소망하던 건강한 교회 세우는 일이며 생명을 살리고 사람을 세우는 교회에 일꾼이며 동역자인 장로의 정체성과 장로의 영광에 대한 깊은 성찰은 목사님께 주신 하나님의 지혜입니다.

섬기는 일이 사역을 나누는 것이라는 표현은 목사님의 혜안입니다. 축하합니다.

평북노회 일산동안교회

김해수 목사

추천사 ～ふ

　　오래 우려낸 사골 국물의 맛이 깊듯이, 목회에 대한 리더십도 오랜 세월 동안 수많은 경험을 바탕으로 할 때 그 깊이도 다르다고 할 수 있습니다. 이 책은 무엇보다도 깊이 우려낸 사골 국물처럼, 예수님의 참 모습이었던 섬김의 리더십에 관해 알고 싶어 하는 교회의 직분자(장로)들에게 그 해답을 정확하게 제시하고 있습니다. 40여 년 동안 목회 현장에서 목회를 해 오면서 경험한 바를 바탕으로 저술된 책이라는 점에서 이 책은 그 깊이가 남다르다 할 수 있습니다. 더 나아가 목회의 일선에서 은퇴를 하였지만, 한국교회를 걱정하고 안타까운 마음으로 바라보며 그 해답을 찾고자 노력한 목회자입니다. 그래서 이 책에는 성경적이면서도 목회적인 측면에서 교회의 리더로서 "참 섬김의 자세"를 가져야 함을 바로 제시해 주고 있습니다. 따라서 이 책은 한국교회 리더십을 다시 한 번 세울 수 있는 귀중한 방향을 제시하여 주고 있기에 본서를 적극 추천합니다.

예배와 설교 아카데미 대표

김현애 박사

장로의 정체성

장로의 자격

장로의 교회생활

장로의 직임

장로, 이렇게 섬겨라

장로의 준비

장로로서 사는 삶

시작하면서

철없이 어릴 때부터 교회를 중심하여 살아온 필자는 교회 어른들에 대한 좋은 추억을 많이 가지고 있다. 그래서 교회 헌법에서 규정한 장로나 집사, 권사에 대한 규정과 상관없이 교회 어른들에 대한 나름대로의 남다른 이미지를 가지고 있다.

당시 "큰 마을"이라고 불리던 교회가 있는 동네는 필자가 자란 산골과는 멀리 떨어져 있어서 어린 아이가 가기에는 다소 버거운 길이었지만 그래도 틈만 나면 교회로 가서 아무 시설도 없는 텅 빈 공간에서 공부도 하고 놀기도 하였다. 당시 내가 자란 시골교회는 처음에는 동네 공회당을 빌려서 예배를 드렸는데, 교회를 주도적으로 이끌어 오신 집사님이 동네에서 상당한 지도력을 가지고 계신 탓인지 자기 건물처럼 공회당을 교회로 사용했다. 얼마 후 그 공회당을 교회가 인수하여 정식 예배당이 되었다. 그때는 요즘처럼 교회 문을 잠근다거나 출입을 통제하지 않았기 때문에 누구나 언제든지 교회당을 출입할 수 있었다. 특히 여름이면 교회가 어린 아이들의 놀이터 겸 공부방이기도 했다.

그러면서 나는 사실 교회 어른들의 교회 사랑과 성도 사랑을 눈으로 보고 몸으로 체험했다. 농한기인 겨울에는 물론 농번기 때에도 교회 어른들은 수시로 교회에 들러 기도하고 교회를 둘러보면서 주일학교 아이들을 자기 자식처럼 특별히 대해 주셨다. 전통적 유교 집안의 엄격하신 조부모님 아래서 자란 나는 사실 교회 어른들의 자상한 관심이 너무나 좋았다. 그 중에서도 집사님 한 분은 그 동네에서 상당한 지도력을 갖고 계셨는데 그분을 마치 나의 보호자처럼 생각했었다.

그리고 교회 어른들이 교회를 위한 봉사나 헌신을 자기 가정보다 우선시 하는 것을 보면서 자랐다. 나의 어머니 역시 그 먼 거리에서도 새벽기도를 다니셨고, 새벽에 교회 가실 때마다 늘 교회 지붕을 덮을 볏짚을 머리에 이고 가셨다. 당시는 교회 지붕이 초가(草家) 지붕이어서 해마다 볏짚을 엮어서 지붕을 덮었는데 교회 어른들은 각자가 자기 집에서 볏짚을 가지고 와서 그걸 모아서 교회 지붕을 덮었다. 또 교회 종각 역시 산에 가서 소나무를 베어다가 만들어 세웠고, 때로 바람이 불어 종각이 쓰러지면 다시 교회 어른들이 동원되어 산에 가서 종각에 쓸 나무를 베어다가 종각을 세웠다. 그래서 나는 어릴 적부터 지붕을 덮고 종각을 세우고 또 교회를 청소하고 밤에 쓸 램프를 닦는 등 교회를 돌보는 어른들의 수고를 보고 자랐다. 당시의 교회 어른들의 공동체 의식이나 신앙가족 의식은 혈육의 친척이나 가문의 응집력보다 더 강했다. 특히 교회를 주도적으로 이끄셨던 한 집사님은(후에 장로가 되셨다) 동네에서는 상당한 권위를 가지신 분이어서 모두들 무서워했는데 우리 주일학생들, 특히 나에게는 늘 보호자처럼 대해 주셨다.

그래서 나에게 있어서 교회 어른들은 누구나 다 그렇게 헌신과 사랑의 사람들로 기억되고, 그것이 나의 교회 어른들에 대한 이미지였다. 그렇다. 우리 한국교회는 그런 어른들에 의하여 오늘에 이르렀다. 그분들이 집사님이셨고 권사님, 장로님이셨다. 그래서 한국교회 직분자들은 모두 헌신의 사람이었다. 본래 초대교회 직분자들은 모두 순교적 헌신자들이었다.

그런데 문제는 오늘의 장로, 교회 어른들의 이미지의 실상이다. 나 역시 목회 현장에서 가졌던 좌절이나 갈등, 결코 긍정적이지 못한 여러 사건들을 경험하면서, 그리고 노회나 총회 등의 교계활동을 하면서 교회 어른, 장로에 대한 이미지의 혼란을 경험할 수밖에 없었다. 가장 큰 문제는 왜 장로가 되어야 하고, 장로의 기본 섬김의 태도가 어떤 것인지, 장로의 진정한 영광이 어디 있는지에 대한 가치 판단의 혼란이 생긴 것이다.

실제로 한국교회의 상당수의 문제는 교회 지도자의 문제이다. 한국교회의 문제가 목사의 문제이고, 목사의 악(惡)함의 문제가 아니라 목사의 약(弱)함의 문제이다. 그런데 그 목사의 약함에는 상당부분 목회의 파트너가 되는 장로의 책임도 간과할 수 없다. 사실 한국교회는 목사와 장로가 세워왔고 그 공로가 크지만 동시에 책임도 크다. 이것은 비단 우리 교단만의 문제가 아니라 장로 제도를 두고 있는 거의 모든 한국교회의 사정이 대동소이하다고 할 것이다. 나빠서가 아니라 몰라서인 경우가 많다. 몰라서이기보다는 잘못 알아서 그렇다고 할 수도 있을 것이다. 월권이나 직권의 남용이나 직무의 유기, 특히 절차적 정의의 상실이나 과정상의 많은 문제는 악하기 때문이 아니라 모르거나 알아도 잘못 알아서 그런 경우가 많다.

가장 큰 문제가 바로 교회 직분의 정치인화 곧 권력화의 문제이다. 장로 됨을 신분상승이나 기득권의 쟁취, 교회 권력의 획득으로 이해하는 데 문제가 있다. 그래서 성도들을 돌봐야 하는 책임보다는 다스려야 한다는 의식을 먼저 갖게 된다. 신앙도, 신학도 없이 정치만 있는 장로들의 정치세력화는 상당부분 교회 생태계를 황폐하게 하였고, 교회나 노회 그리고 총회의 기득권 확보가 중요한 관심거리가 됨으로 교회의 본래적 존재 방식에 부정적인 영향을 주기도 했다.

문제 중에 하나가 장로들을 위한 훈련이나 교육과정의 부족이라고 할 수 있다. 사실 교회 봉사는 믿음 좋고 열심 있다고 다 되는 것이 아니다. 바로 알아야 바로 섬긴다. 믿음이 좋고 열심은 있는데 직임과 직능과 역할을 몰라서 분란을 만들고 교회 문제의 원인이 되고 있다. 직임을 배우지 않고 자기 상식, 듣고 본 자기 수준의 봉사를 하는 데 문제가 있다. 훈련받지 않은 사람이 지도자가 되고 원칙을 모르니 자기 소견으로 하게 되어 문제의 소지를 만든다는 것이다. 평신도 교육대학원, 장로교육원 등의 학습의 기회가 있기는 하지만 열심 있는 분들에 한하고, 개 교회가 임직을 위한 훈련을 하지만 상당부분 형식적 통과의례에 그치는 경우가 많기 때문이다.

목사들의 목회 파트너는 장로이다. 교회에 아무리 유능한 인재들이 있어도 목사의 목회 파트너는 장로이다. 그래서 목사의 목회는 장로 수준을 넘지 못한다. 장로를 깨우는 것이 목회를 세우는 방법이다. 장로 역시 악해서가 아니라 약함에 문제가 있다. 목회자가 장로 수준에 맞추면 무력한 교회가 되고, 그 수준을 넘어서려면 갈등에 휩싸이는 기현상을 가져온다.

지금 우리 시대는 평신도들의 역할이 증대되고 목회자 위주의 교회 운영이나 목회 활동에서 벗어나 평신도들의 참여가 증가하고 있다. 평신도의 역할이 단순히 목회자를 보조하거나 봉사하는 정도를 넘어서 사역에 직접적으로 참여하는 시대가 되었다고 할 수 있다. 이를 신학자들은 제2의 종교개혁이라고 말하기도 한다. 루터의 종교개혁이 평신도에게 성경을 찾아주었다면 오늘의 제2의 종교개혁은 평신도에게 사역을 찾아주는 것이라고 말하기도 한다.

모세가 이드로의 충고(출 18장)를 따라 70명의 장로를 선택하여 그들로 사역을 감당하게 한 성경의 역사에서 이미 평신도의 사역과 역할의 예를 발견할 수 있다. 예수님 역시 모든 성도들을 향하여 모든 민족을 제자로 삼아 세례를 베풀고 주님의 분부를 가르쳐 지키게 하라(마 28:19-20)고 하셨고, "양을 치라, 양을 먹이라"(요 21:15-17)고 분부

하셨다. 바울 역시 주께서 사도나 선지자나 복음 전하는 자와 목사, 교사로 세우신 이유는 "성도를 온전하게 하여 봉사의 일을 하게 하며 그리스도의 몸을 세우려 하심이라"(엡 4:11-12)고 가르쳐 평신도 사역의 중요성을 강조하였다. 따라서 평신도를 세우는 것은 한국교회를 다시 세우는 일이라고 할 수 있다.

필자는 그동안 한국교회 목회 생태계를 복원하기 위하여 목회연구소나 각종 목회 세미나 강의나 교단 여러 문제에 간여하면서 줄곧 목회자를 세우는 것이 교회를 세우는 것임을 강조하며 목회자를 세우는 일에 가능한 노력을 아끼지 않았다. 교단 100주년을 기념하여 한국교회의 목회 표준화 작업의 일환으로 전문성을 가진 교단 내 목회자와 교수 등을 총동원하여 총 14권의 목회 매뉴얼을 발간하기로 하였다.

필자가 발간위원장 및 편집위원장의 책임을 맡아서 현재 9권, 곧 『예배목회』, 『설교목회』, 『영성목회』, 『교육목회』, 『상담목회』, 『생명목회』, 『가정목회』, 『성장목회』, 『죽음목회』(한국장로교출판사)를 발간하였고, 계속하여 섬김목회, 선교목회, 행정목회, 문화목회, 노인목회 등 총 14권 전권을 발간할 예정이다.

목회 매뉴얼 발간을 진행하면서 목회자의 파트너가 될 장로를 세우는 일에 관심을 갖게 되었다. 이 일에 관심을 갖고 여러 장로들을 인터뷰하고 조언을 들으면서 장로를 세우는 일이 목회자를 세우는 일에 버금가는 중요한 사역임을 확신하게 되었고, 이 일을 위해서는 장로의 사역에 대한 안내서를 만드는 일이 가장 시급함을 깨닫게 되었다. 단순히 장로의 직무능력의 문제나 기능적 방법론을 알려주는 데에 그치는 것이 아니라 장로를 온전히 세워서 목회를 세우기 위함이다.

장로가 살아야 교회가 살고, 집사가 세워져야 교회가 세워지고, 권사가 깨어나야 교회가 깨어난다는 말이 있다. 그래서 교회의 직분이 왜 필요하고 무엇을 위해 쓰임 받아야 하는지, 어떤 자세로 장로직을 감당해야 할 것인지에 대하여 정확한 안내가 필요하다는 절박감을 가지게 되었다.

물론 장로에 대한 성경의 교훈이나 교단 헌법 규정 그리고 각종 세미나나 설교를 통해 정의된 장로직에 대한 많은 자료가 있지만 피부로 느끼고 현장에서 쓰임 받을 또 하나의 지침이 필요함을 절감한다. 가장 중요한 것은 장로, 그 귀한 직분, 장로의 그 큰 영광이 무엇인가 하는 것이다. 상당히 많은 장로들이 섬김의 시작으로서의 장로 직임을 섬김의 끝으로 착각하고 장로 됨 그 자체에서 영광을 얻으려고 하기 때문이다. 그래서 집사 시절의 순수하고 헌신적인 봉사의 자세가 장로 임직과 더불어 지배와 고집으로 변하거나 섬김의 영광보다는 군림의 영광에 빠져 버리는 경우가 많이 있음을 본다.

장로교 치리 구조 안에서는 그분들의 인격이나 섬김의 태도가 바로 교회의 미래를 담보하고 있고 목회의 성패를 좌우하기에 장로의 바로 됨이 교회와 목회의 바로 됨의 가장 우선적인 조건임을 절감한다. 장로의 그 존귀함과 영광스러움을 온전히 세우는 것이 한국교회를 바로 세우는 길이기 때문이다. 그래서 장로는 누구이며 장로직은 어떤 직

임이며 장로가 왜 필요한지, 장로의 바람직한 섬김은 무엇을 의미하
며 어떤 태도와 자세로 교회를 섬겨야 하는지에 대한 구체적인 안내를
위해 이 책을 쓴다. 이 또한 교회를 바로 세우기를 원하는 필자의 교회
를 향한 사명으로 생각한다.

1
장로의 정체성

위에서 언급한 대로 한국교회 문제의 일차적이고 우선적인 책임은 목사에게 있다. 그러나 목사가 교회를 바로 섬길 수 있도록 돕고 세우는 데 소홀한 장로에게도 상당부분 책임이 있다. 목사의 부족을 돕기 위하여 세워진 장로도 그 책임에서 자유로울 수는 없다는 말이다. 장로 역시 악해서이기보다는 약해서이고, 장로에 대한 정체감의 혼돈과 직무능력의 부족과 영적 지도력의 부실에 그 책임이 있다고 볼 수 있다.

초대교회 공동체가 사도들로 하여금 기도와 말씀 전하는 일에 전념하게 하기 위하여 교회 지도자들을 세운 것처럼 오늘의 교회도 목사 혼자서는 그 많은 목회 사역을 다 감당할 수 없어서 교회의 치리와 권징 그리고 사역의 협력자로 장로를 세웠다. 그 장로가 자신의 사명과 직임의 중요성을 바로 인식하고 그 사명과 책임을 바로 감당하여 마땅히 할 일을 다 했다면 목사가 훨씬 더 목회 사역에서 능력을 발휘할 수 있었을 것이고 교회를 바로 이끌어 가는 데 상당한 도움이 되었을 것이다. 장로를 장로 되게 가르치고 세우고 훈련하는 일에 소홀한 목사의 책임이 가장 크지만, 목사의 사역을 돕기 위하여 세워진 장로의 직무에 대한 유기나 방관 혹은 지나친 정치적인 간섭이니 방해 역시 목사의 정상적 목회 활동에 제약이 되었고 때로는 지장이 된 것 역시 사실이다. 장로를 바로 세우는 것이 목사의 책임이지만 목사를 바로 세우는 것 역시 장로의 중요한 책무이기 때문이다.

목사가 아무리 잘하려고 해도 장로들의 이해와 협력이 없거나 협조적이지 않을 때 좋은 목회는 불가능하다. 실제로 목회 현장에서 장로로 인해 목회가 원활하지 못한 경우가 있다. 교회에 유능한 평신도가 많이 있다고 해도 목사는 장로와 함께 일해야 한다. 또한 부족하고 훈련되지 못해 목회의 걸림돌이 되는 장로일지라도 목사는 평신도보다는 장로와 함께 일해야 한다. 교회의 방향과 목적 등의 정책 결정과 치리와 권징은 사역의 파트너인 장로와 해야 하는 것이 우리 교단의 헌법정신이고 또 사역에 차질이 와도 그래야만 교회가 평안할 수 있다. 장로가 유능하든 무능하든, 때로는 바른 가치관을 소유하지 못하고 직임을 잘 감당하지 못해도, 협조적이든 비협조적이든 목사는 장로와 함께 일해야 하고 장로의 도움을 받아야 한다.

사실 교회에 절대적 영향력을 행사하는 것이 장로이고, 교회 정치의 절대 권한이 상당부분 장로에게 있다. 물론 장로를 잘 이끌어 가고 장로가 바로 되게 하는 것도 목사의 능력이고 책임이기는 하지만 근본적으로 장로가 잘못되면 그것을 바로 잡기 위해 수많은 노력과 시간 그리고 목회 에너지가 낭비되고 교인목회보다 장로목회에 전념할 수밖에 없어서 본래적 사명에 소홀할 수밖에 없게 된다.

때로는 목사들에게서 "장로들만 잘 만났다면 교회를 훨씬 좋은 교회로 세웠을 것이고 성도들을 훨씬 행복하게 섬겼을 것인데 장로들과의 갈등 때문에 목회 인생을 낭비했다"는 후회 섞인 탄식을 들은 적이 있다. 물론 장로를 잘 세우지 못했거나 잘 이끌지 못한 것 자체가 목회의 부족이라고 치부할 때 목사 자신의 무능에 대한 변명일 수 있지만 목회에 있어서 장로의 역할의 중요성과 장로의 협력이 목회의 성패를 좌우한다는 것을 대변해 준다.

그래서 장로는 먼저 장로의 정체성, 즉 어떻게 교회를 섬겨야 하고 어떤 장로가 되어야 하는가에 대한 확실한 이해가 필요하다. 바른 정체성이 바른 사역을 가능하게 하기 때문이다.

1) 성경이 말하는 장로

(1) 구약에서의 장로

성경에서 말하는 장로와 오늘 우리 시대의 장로와는 그 역할과 위상에서 상당부분 차이가 있다. 성경에서 장로가 처음 언급된 것은 출애굽기 3장이다. 하나님께서 모세를 부르시고 자기 민족을 해방시키려고 애굽에 보내시면서 "너는 가서 이스라엘의 장로들을 모으고 그들에게 이르기를 여호와 너희 조상의 하나님 곧 아브라함과 이삭과 야곱의 하나님이 내게 나타나 이르시되 내가 너희를 돌보아 너희가 애굽에서 당한 일을 확실히 보았노라 내가 말하였거니와 내가 너희를 애굽의 고난 중에서 인도하여 내이 젖과 꿀이 흐르는 땅 곧 가나안 족속, 헷 족속, 아모리 족속, 브리스 족속, 히위 족속, 여부스 족속의 땅으로 올라가게 하리라 하셨다 하면 그들이 네 말을 들으리니 너는 그들의 장로들과 함께 애굽 왕에게 이르기를 히브리 사람의 하나님 여호와께서 우리에게 임하셨은즉 우리가 우리 하나님 여호와께 제사를 드리려 하오니 사흘길쯤 광야로 가도록 허락하소서 하라"(출 3:16-18)고 하셨다.

그후 모세가 애굽으로 가서 아론과 함께 이스라엘의 "장로"들을 모았다는 기록이 있고(출 4:29), 출애굽 과정에서 중요한 사안이 있을 때마다 "장로"들을 동원하고 함께 했다는 기사가 나온다. 곧 성경에서도 공동체의 지도자로서 장로들이 있었고 그들을 통하여 중요 사안이 결정되고 집행되었음을 볼 수 있다. 오늘 우리 시대 교회의 장로들과는 차이가 있겠지만 그때도 "장로"라는 공동체의 지도자가 있었고 그들은 지도자 모세의 협력자였음을 알 수 있다(민 11:16-17). 그러므로 당시 장로들 역시 백성들을 돌보기 위해 세워졌음을 알 수 있다. 이 장로제도는 사사시대에도 계속 되었고, 왕국시대에도 백성들의 존경 받는 지도자로서 활동을 했다. 특히 바벨론 포로시기에는 선지자들과 더불어 장로들이 이스라엘의 정신적인 구심점이 되었고 회당을 중심으로 민족 공동체를 이끌어 갔다. 이와 같이 장로제도는 이미 구약시대 출애굽 이

전부터 있었고 백성들을 이끌어 가는 지도자로서의 역할을 감당했다.

(2) 신약에서의 장로

신약시대의 장로제도 역시 구약시대의 장로의 역할과 대동소이한 역할을 감당했다. 장로는 먼저 연로하신 분들 중에서 많은 경험과 학식을 가진 분으로서 인격적으로 존경을 받는 사람이었다. 장로는 회당에서 그 공동체를 가르치고 또는 징계도 하는 지도력을 가진 것 같다. 또한 신약시대의 신앙공동체 안에서 장로들은 상당한 영적 지도력을 가진 것으로 보인다. 야고보서 5장 14절을 보면 "너희 중에 병든 자가 있느냐 그는 교회의 장로들을 청할 것이요 그들은 주의 이름으로 기름을 바르며 그를 위하여 기도할지니라"라고 하여 교회 장로들이 상당한 영적 지도력을 가지고 성도들을 보살피고 이끌어 간 교회공동체의 지도자임을 보여준다. 오늘의 장로제도와는 다르지만 장로는 신약시대에 상당한 역할을 한 교회 지도자였음이 확실하다.

사도행전 20장에서 보면 사도 바울이 3차 선교여행을 마치고 로마 전도를 위해서 예루살렘으로 올라갈 때에 에베소 교회 장로들을 밀레도로 불러서 이렇게 당부했다. "여러분은 자기를 위하여 또는 온 양 떼를 위하여 삼가라 성령이 그들 가운데 여러분을 감독자로 삼고 하나님이 자기 피로 사신 교회를 보살피게 하셨느니라 내가 떠난 후에 사나운 이리가 여러분에게 들어와서 그 양 떼를 아끼지 아니하며 또한 여러분 중에서도 제자들을 끌어 자기를 따르게 하려고 어그러진 말을 하는 사람들이 일어날 줄을 내가 아노라"(28-30절). 바울의 이런 당부를 보면 당시의 장로의 직임이 무엇이고 어떤 역할을 담당했는가를 짐작할 수 있다. "감독자로 삼고, 하나님이 자기 피로 사시 교회를 보살피게 하셨느니라"라고 한다. 장로들을 향하여 바울은 "감독자로 삼았다, 교회를 보살피게 하셨다"고 한다. 당시에 감독자라는 말은 목회자라는 말과 같은 의미이고, "교회를 보살피게 하셨다"는 것은 "목회를 하게 했다"는 말과 같은 의미로 볼 수 있다.

사실 어느 때나 장로는 성도들을 돌보는 직임이지만 특히 신약시대에는 장로들과 감독 곧 목회자가 같은 의미로 사용된 것을 짐작할 수 있다. 때로는 사도들 자신을 장로로 부르기도 한 사례(벧전 5:1)를 보면 장로들은 교회에서 가르치는 일, 목회, 감독의 책임 등을 다 수행하는 교회 지도자들이었음을 알 수 있다(딤전 5:17). 당시에 장로가 오늘같이 직분으로서의 장로였는지, 장로라는 신분의 사람들이 있었는지, 아니면 교회 지도자로 성도들을 돌보는 사람들을 통칭하여 사용했는지는 정확히 알 수가 없다. 다만 당시의 장로는 신앙공동체에서 많은 백성들의 인정과 존경을 받았던 교회 지도자요, 성도들을 돌보는 직임의 사람들이었음을 알 수 있다. 중요한 것은 그들의 신분상의 위치나 직분상의 명칭보다 그들의 역할인데 신약시대의 장로의 특징은 치리나 권징보다는 목양에 비중을 두고 있었던 것은 확실하다.

이 점이 오늘날 우리 교회의 장로와의 차이점이라고도 할 수 있다. 우리 시대의 장로는 성도들을 돌보는 목양보다는 교회의 행정 곧 치리를 담당하는 직분으로 이해하고 있기 때문이다. 실제로 장로의 중요한 직임은 목양이어야 한다. 교회를 돌보고 성도들을 잘 보살피기 위한 목회적 목적이 우선 한다는 말이다.

국내 모 교회에서는 "목양 장로"라는 제도를 시행하는 교회도 있지만 이는 특정 장로에게 주는 직임이고 오늘의 장로는 모두 목양보다는 치리하는 장로이다. 그러니 목양은 목사가 하고 치리는 장로가 하는 것으로 오해하고 있다. 그러나 실제로는 장로의 직능이 치리보다는 목양에 두는 것이 성경적이다.

성경에서의 교회 직분의 시작은 사도행전 6장 1~7절에서 찾을 수 있다. 직분의 시작은 교회 운영보다는 교회 사역의 효율성을 위하여 시작되었다. 교회가 담당해야 할 많은 사역을 좀 더 효율적으로 감당하기 위하여, 곧 사역을 분담하기 위하여 직분자를 세웠다. 또한 사도들이 더 전문적이고 영적인 사역을 감당하는 데에 도움을 주기 위하여 직분자를 세웠다. 제자들은 "… 예루살렘을 떠나지 말고 내게서 들은 바 아버지께서 약속하신 것을 기다리라"(행 1:4)고 명하신 주님의 말씀을 따라 예루살렘을 떠나지 않고 성도들과 함께 마가의 다락방에 모여 기도에 전혀 힘썼고 오순절에 임하신 성령의 충만함으로(행 2장) 교회 공동체가 시작되었다. 그리고 성령의 역사를 따라 많은 사람들이 주께 돌아옴으로 구원받는 무리가 날마다 더해 갔고 그들에게는 말씀과 기도뿐 아니라 구체적 삶의 문제인 구제 등 이웃 돌봄의 필요성까지 가지게 되었다. 그러나 그들을 돌보는 구제로 인해 사도들의 복음

전하는 일과 기도하는 일에 지장을 초래하였고, 특히 구제의 공평성의 문제로 인하여 헬라파 유대인(디아스포라)과 히브리파 유대인(본토 유대인) 사이에 갈등이 생기게 되었다. 그래서 복음 전파와 구제 사역을 효율적으로 감당하기 위한 한 방법으로 집사를 세워서 많은 일들을 분담하게 되었다. 이처럼 직분의 목적은 복음 선교를 더 효과적으로 하기 위한 방법으로 시작되었다고 할 수 있다.

물론 현재와 같은 당회원으로서의 장로를 세운 기록은 성경에 구체적으로 명시되지는 않았다. 성경에서 장로라는 직분이 처음 언급된 것은 사도행전 11장 30절인데 이는 안디옥 교회가 모은 구제를 위한 헌금을 예루살렘 교회의 장로들에게 전달하는 내용에서이다. 아마 당시에 이미 예루살렘 교회에 장로들이 있었던 것 같다. 물론 지금과 같은 직무와 일치하지는 않았지만 적어도 교회의 가장 중요한 지도자인 것은 틀림없었다. 또 장로를 누가 어떻게 장립하여 세우고 어떤 권한이나 의무를 부여한 것인지는 알 수 없고, 특별히 세운 직분인지 그냥 교회 지도자를 부르는 일반적인 명칭이었는지는 파악되지 않는다. 성경에 집사 선출에 대한 기록은 자세히 있지만 장로 장립에 관한 기록은 없다.

일반적으로 초대교회에서 장로에 대한 기록은 요한복음 8장 9절과 디모데전서 5장 1, 2절에 나오는데 이는 오늘날 같은 특별한 직분이기보다는 교회의 어른으로서 연륜과 지식을 가진 지도자에 대한 일반적인 명칭인 것 같다. 이것은 초대교회 지도자들이 구약의 장로에 대한 이해를 가지고 그렇게 부른 것 같다. 그리고 신약의 다른 곳에서는 장로가 감독이라는 명칭으로도 불렸고, 베드로와 요한은 스스로를 장로라고 불렀다(벧전 5:1; 요2서 1:1; 요3서 1:1). 이는 장로가 교회를 세우고 목양을 하는 사도적 사명을 담당하는 일을 하는 분들에게 사용되었던 명칭인 듯하다. 아무튼 장로의 임직이나 직분에 대한 구체적 기록은 없고, 직분이기보다는 직임인 것 같다.

2) 교회법으로 본 장로

교단의 정치구조는 교단 헌법에 명시되어 있고 이 헌법을 따라 교회가 조직되고 운영된다. 교단 헌법이란 교단 교회를 구성하고 운영하는 원칙을 말하는데 교단 헌법은 ① 교리, ② 정치, ③ 권징 그리고 ④ 예배와 예식 등 모두 네 편으로 구성되어 있다. 그리고 거기에 "헌법 시행규정"이 있다.

대한예수교장로회(통합)의 장로에 대한 규정은 제2편 정치 4장 교회의 직원 22조에서 "장로직은 항존직이고 시무는 70세까지 한다"고 규정하고 있다. 그런데 대부분 "장로"는 목사와 구별된 치리회원으로 알고 있는데 사실 장로교에서는 목사도 장로로 구분하고 있다. 그래서 교단 헌법(제2편 정치 5장 24, 25조)에서는 "하나님의 말씀으로 교훈하며, 성례를 거행하고, 교인을 축복하며, 장로와 협력하여 치리권을 행사하는 장로를 "목사"로, 치리만 하는 자를 "장로"로 별도 규정하고 있다. 곧 헌법상 목사나 장로나 설교, 성례, 교인 축복과 치리를 담당하는 자가 목사이고 치리만 하는 자가 장로라는 것이다.

그러나 본고에서는 치리만 하는 장로 곧 일반적으로 교회에서 "장로"라고 불리는 장로만을 말한다.

교회 헌법은 장로의 직무를 구체적으로 명시하고 있다. 예장 통합교단의 경우 ① 장로는 교회의 택함을 받고 치리회(당회, 노회, 총회)의 회원이 되어 목사와 협력하여 행정과 권징을 관장한다. ② 장로는 교회의 신령상 관계를 살핀다. 성도들을 영적으로 돌볼 책임이 있음을 규정한 것이다. ③ 장로는 교인들이 교리를 오해하거나 도덕적으로 부패하지 않도록 교인을 권면한다. 교인들을 영적으로 돌볼 책임이 있다는 의미이다. ④ 장로는 권면하였으나 회개하지 않는 자가 있으면 당회에 보고한다. 당회에 고발을 하라는 의미라기보다는 당회가 함께 돌보자는 의미이다. 그리고 당회가 바로 성도들의 영적 신령상의 형편을 살피고 돌볼 목양의 책임이 있음을 말한다. 곧 장로는 교회 직원으로서 성도들을 돌보고 영적으로 바로 세워 나갈 지도자임을 명시하고 있는 것이다. 그러나 한국교회의 상당수의 장로들은 장로 직분을 교회의 입법과 사법과 행정을 장악한 교회 정치인으로 오해하고 치리와 권징을 사법권으로만 이해하는 경우가 있으나 원래 취지는 교인들을 영적으로 잘 돌볼 책임이 있음을 말하는 것이다.

치리와 권징을 담당하는 당회의 직무 역시 그렇다. 헌법은 당회의 직무를 치리와 권징으로 정하고 있지만 치리와 권징의 주된 목적을 성도들을 영적으로 지도하기 위한 수단으로 규정하고 있다. 권징 역시 교인 돌봄이고 목양으로 이해해야 한다는 말이다. 그래서 당회는 성례와 예배를 주관하는 것을 중심으로 성도들의 신령상의 형편을 살펴야 한다. 그 외에 다른 직원을 임명하고 재정이나 사역을 감독하고 교회 부동산을 관리하는 것을 직무로 규정하고 있다. 이 모두는 다 교회를 영적으로 잘 이끌어 가는 한 수단으로 권한과 직무를 규정한 것이다.

장로의 직임 중 제직회 역시 집사와 권사와 같이 교회 사역과 재정을 관리하는 일을 한다. 그리고 중요한 것은 이 모든 치리와 권징 그리고 사역은 반드시 그 권한과 시행을 대표자로 행사하도록 규정하고 있음도 유의할 일이다. 직분자 개인으로서의 권한이나 사역이 아니라 목사를 도와서 교회 당회의 대표(당회장)인 목사로 하여금 시행하도록 해야 한다는 의미이다. 곧 장로는 목사와 협력하여 교회 치리(행정)와 권징을 담당하며 교인들의 영적 삶을 돌보는 것이 직무라고 할 수 있다. 물론 전제는 "목사와 협력하여"이다. 장로교단 헌법의 법 정신은 모든 권한이나 책임은 반드시 대표자를 통하여 시행되도록 규정되어 있다.

헌법은 장로의 직무와 선택, 임직, 사직 등 구체적인 장로직 수행에 관한 규정을 제6장 39조 이하 47조까지에서 별도로 규정하고 있다. 헌법에 명시된 장로의 직임을 구체적으로 정리하면 다음과 같다.

(1) 교회의 직원으로서의 장로

헌법 2편 정치에 규정되어 있다. 헌법은 장로를 교회의 직원으로 분류하고 있다. 장로는 치리회원으로 교회의 치리(행정과 권징)를 담당하지만 교단 헌법에서는 장로를 교회 정치인이 아니라 청지기로 규정한다. 곧 직원으로 분류하고 있다(정치 4장 21조). 물론 장로만이 아니라 집사, 권사도 직원으로 분류하며 임시직과 항존직으로 구분하여 장로, 집사, 권사를 항존직으로, 서리집사와 전도사를 임시직으로 분류한다(정치 4장 23조). 그래서 항존직임에도 불구하고 종신직이 아니고 그 시무기간을 70세 연말까지로 규정한다. 그리고 "장로"의 시무한계는 임직하여 시무가 허락된 해당 교회에 국한되어 있고 시무연한인 70세까지로만 규정되어 있다. 해당 교회를 떠난다거나 시무연령이 지나 은퇴할 경우에는 명예는 보존되지만 그 직임이나 책임, 권한까지 다 소멸된다. 다른 교회에서 장로로 시무하려면 같은 교단, 같은 노회라도 안수만 면제될 뿐 시무를 시작할 때처럼 신임 절차를 모두 다 다시 거쳐야 한다.

그럼에도 많은 경우 장로들이 마치 교회의 경영자나 감독자로만 인식하여 자신들이 직원이기보다는 교회 직원들을 임명하고 감독하는 직분으로 착각하여 교회에 걸림돌이 되기도 한다. 물론 직원을 임명하고 감독하는 기능도 있지만 그 임명이나 감독 자체가 그의 직원으로서의 기능임을 명심해야 한다. 장로 자신이 교회의 직원임을 명심하고 겸손히 교회 사역에 임할 때 바른 섬김이 가능하다. 사도 바울처럼 하나님의 종이라는 의식, 청지기라는 의식을 가질 필요가 있다.

(2) 교인의 대표(당회원)로서의 장로

장로는 항존직이고 치리와 권징을 담당하는 직분이지만 장로는 해당 교회 성도들의 대표이다. 그래서 교인들이 선거를 통하여 자신의 대표로 장로를 선출한다. 그러므로 장로는 교인들이 대표로 세워준 해당 교회에서만 치리권을 가지며 그 직임을 수행할 수 있다. 상회인 노회원이나 총회원으로서의 자격은 당회가 별도로 대표성을 부여하여 총대로 파송했을 경우에만 그 직임을 행사할 수 있다. 이는 소명을 따라 부름을 받고 훈련을 받아 노회가 파송하는 목회자와는 다르게 장로는 해 교회의 교인들이 자신의 대표로 선임하여 세우는 직분이라는 말이다.

교단(예장 통합) 헌법 10장 64조 당회의 조직 2항에 의하면 장로는 세례교인 30명당 1인씩 세우도록 규정되어 있다. 그래서 하나님께서 부르셔서 거룩한 직임을 맡기고 노회를 통하여 해 교회에 파송한 목사와 교인들의 대표로 선임된 장로가 함께 당회를 구성하여 교회를 치리하고 권징을 행하도록 한 것이 장로교의 헌법 정신이다. 장로가 세례교인 30명당 1명으로 선임된다 하여 단지 30명만의 대표는 아니다. 선임 방법일 뿐 장로는 교회 전체의 문제를 함께 책임지며 교인 전체를 대표하여 치리와 권징을 행사한다. 그러므로 장로는 자신이 성도들을 대표해서 교회를 치리하고 권징한다는 것을 명심해야 한다.

또한 장로는 교회의 제직회원이 되어 ① 공동의회에서 결정한 예산집행 ② 재정에 관한 일반수지 예산 및 결산 ③ 구제비의 수입, 지출 및 특별 헌금 취급 ④ 당회가 요청한 사항 ⑤ 부동산 매매 등 각종 교회 사역에 참여하여 성도들의 대표로서의 직임을 감당하게 된다. 장로 역시 교인이고 그 교인들을 대표해서 교회의 치리와 권징과 예배 예식을 담당한다는 의식이 필요하다. 교인들과는 무관하게 자신들이 특별한 존재로 교인을 관리하고 감독하는 것으로 착각함으로써 장로의 직분에 대해서는 적극적이지만 교인으로서의 섬김을 소홀히 할 염려가 있다. 간혹 장로들 중 스스로를 끝없이 훈련하고 겸손히 배우기보다는 다스리고 가르치는 것만을 중시하는 경우가 있다. 이는 장로 자신이 교회의 교인이며 그 교인들을 대표하여 직임을 맡은 자임을 망각함으로 오는 폐단이다. 장로 역시 교인임을 명심할 필요가 있다.

(3) 치리와 권징 담당자로서의 장로

장로의 직임 중 가장 중요한 직임이 바로 "치리와 권징"을 담당하는 것이다. 헌법 4장 교회의 직원 22조 2항에서 "치리만 하는 자를 장로라고 한다"고 규정되어 있는데 물론 이는 목사와 구별하기 위한 규정이지만 장로의 중요 직임을 치리로 규정한다는 의미이기도 하다.

장로는 기초 치리회라고 할 수 있는 당회의 회원이 되어 목사와 협력하여 행정과 권징을 관장한다. 목사와 장로로 구성되는 당회원이 되어 장로·집사·권사를 임직하고(68조 4항 당회의 직무), 교인들의 교적을 관리하고(3장 17-20조), 목사의 청빙과 연임, 위임, 사임, 사직 등의 인사를 관리하며(5장 27, 28조), 장로·집사·권사 등 교회 제직들의 인사 관리(6장 39-47조, 7장, 8장)와 교회 제반 목회와 선교 정책을 관장

한다. 헌법 68조에는 목사와 장로가 구성하는 기초 치리회인 당회의 직무를 모두 8가지로 규정하고 있는데 그것은 ① 교인의 신앙과 행위를 통찰하고, 세례, 입교할 자격을 심사하고 세례식과 성찬식을 관장하는 일 ② 교인의 이명, 세례, 입교, 유아세례 등의 증서를 교부 및 접수, 통지 ③ 예배 주관, 소속 기관과 단체를 감독 ④ 장로, 집사, 권사 임직 ⑤ 각종 헌금을 수집할 방안 협의, 실시, 재정을 감독 ⑥ 노회에 파송할 총대 장로를 선정, 교회 상황 보고, 청원 건 제출 ⑦ 죄를 범한 자를 소환 심문, 증인의 청취, 권징 ⑧ 지교회의 토지, 가옥 등 부동산 관리이다.

또 장로는 당회의 파송을 받아 노회의 총대가 되어서 노회원으로서의 직무도 담당한다. 노회는 소속 목사 전원과 노회 산하 당회에서 파송된 장로 총대로 구성되어 각 당회에서 제출한 헌의, 문의, 청원, 진정, 헌법과 헌법시행규정과 각 치리회의 규칙에서 정한 것에 관한 사항을 처리하고 또 각 당회에서 제출한 행정쟁송, 소송, 상소 및 위탁재판에 관한 사항을 처리한다. 그리고 지교회를 설립, 분립, 합병, 폐지하고 당회를 조직하며 목사 청빙, 전도, 교육, 재정 관리 등 일체 상황을 지도하는 일을 담당한다.

또한 장로는 노회의 대표로 총회 총대로 파송되어 교단 정치와 치리 그리고 권징을 담당하게 되며 치리자로서의 다음과 같은 직무를 감당하게 된다. ① 소속 각 치리회 및 지 교회와 소속 기관 및 산하 단체를 총찰 ② 하급 치리회에서 합법적으로 제출한 문의, 헌의, 청원, 행정쟁송, 상고, 총회특별재심 등의 서류를 접수하여 처리 ③ 각 노회록을 검사 ④ 대한예수교장로회 헌법을 해석 ⑤ 노회를 설립, 분립, 합병, 폐지하며 노회의 구역을 정하는 일 ⑥ 교단의 목사 자격을 고시하고, 규칙에 의히어 다른 교파 교회와 교류하며, 교회의 분열과 갈등을 관리하고, 성결의 덕을 세우는 일 ⑦ 신학대학을 설립하고 경영, 관리하며, 교역자 양성 ⑧ 선교사업, 교육사업, 사회사업을 계획, 실천 ⑨ 노회 재산에 대한 분규 처리 ⑩ 총회 임원 ⑪ 교단 헌법의 개정, 제반 규정의 제정 및 개정에 관한 사항에 대한 심의 의결에 참여하고, 또 부서의 실행위원이나 임원으로 선출되어 교단 총회 및 노회 치리와 권징을 담당하는 치리권자이다.

물론 장로는 당회의 파송을 받아야 노회원이 되어 노회의 치리권을 행사할 수 있고, 또 총회 역시 노회에서 총대로 파송을 받아야 총회원이 되어 치리와 권징에 참여할 수 있다. 노회나 총회 총대의 임기는 1년이기 때문에 매년 파송을 받아야 한다. 또한 장로는 당회나 노회 그리고 총회의 치리와 권징을 담당하는 치리권자로도 이해할 수 있다. 장로는 교회에 오래 다니면, 그리고 나이가 들면 집사에서 올라가는 그런 단순한 명예직이 아니라 교회를 치리하고 권징을 관리하고 성도들을 돌보며 교회를 이끌어 가는 지도자이다.

(4) 목회의 파트너로서의 장로

장로의 직무는 언제나 목사와 협력하여 행사하는 직무이다. 치리와 권징은 물론 성도들의 영적 지도나 모든 교회 사역 역시 장로의 고유한 권한이나 직무는 아니고 반드시 목사와 협력하여 행하는 권한이며 또한 직무이다. 그래서 헌법 6장 39조의 "장로의 직무" 1항에서 "장로는 교회의 택함을 받고 치리회의 회원이 되어 목사와 협력하여 행정과 권징을 관장한다"고 규정하고 있다. 여기서 말하는 행정과 권징은 단순히 치리나 권징 행위만이 아니라 목회의 한 과정을 의미하기도 하는데, 목회는 장로의 협력을 받아 목사가 하는 것이기 때문이기도 하다.

또한 헌법 1장 원리 5조 "치리권"에서 "치리권은 온 교회가 택하여 세운 대표자로 행사한다"고 규정하고 있다. 개인에게 주어진 권한이 아니라 공교회에 주어진 권한이고, 그 권한은 공교회의 대표자를 통해서 행사되도록 한 것이다. 개인에게 준 권한이 아니라 직무로서의 권한이라는 의미이다.

따라서 장로의 가장 중요한 직무는 목사의 목회를 돕는 것이며, 치리와 권징 역시 목회적 차원에서 이루어져야 한다. 이 말은 목사의 목회 사역을 돕는 일이 장로의 직임이라는 의미이다. 엄격히 말하면 치리권자이기보다는 목사의 치리에 협력하는 직임이라고 볼 수 있다. 장로가 치리와 권징을 담당하지만 장로가 독자적으로 치리나 권징을 할 수 없고 반드시 목사의 치리권이나 권징권 행사에 협력하고 도와주는 직임이라고 할 수 있다. 우리 헌법에는 장로가 아무리 많아도 당회가 성립되기 위해서는 반드시 당회장이 참석을 하여 회의를 주도하는 경우에만 유효하다. 만일 당회장의 유고시에는 임시당회장이나 대리

당회장을 세워야 하고 당회장이 없는 회의나 치리와 권징은 유효하지 않다. 당회장이 부재일 경우에는 노회 목사회원 중에서 노회가 파송한 임시당회장이나 대리당회장으로 당회장 권한을 행사하게 하여야 한다. 장로만으로는 직접 치리나 권징이 불가하다. 장로는 목사의 협력자일 뿐 치리권을 행사할 수 있는 치리회장이 될 수는 없다. 치리나 권징의 행사는 대표자가 행사하게 되어 있는 것이 교단 법 정신이다.

2

장로의 자격

    장로는 교회가 임명하는 직분이 아니라 교인들의 투표로 선출되는 직분이지만 장로의 자격 기준에 대해서는 성경과 교회법으로 엄격하게 규정하고 있다. 위에서 언급한 대로 장로는 교인의 대표일 뿐 아니라 목회의 협력자요 치리와 권징 등 교회나 목회의 거의 전권이 주어지는 막중한 직임이기 때문에 그 자격 여부도 엄격히 규정하고 있고 적격자가 선임되고 임직되어야 한다. 그래서 과거에는 장로 임직을 장립(將立)이라고도 했다. 오늘 한국교회가 겪고 있는 심각한 교회의 갈등의 중심에 장로들이 있고 목회의 협력자이기보다는 걸림돌의 역할을 하는 장로들이 있다는 것은 이 엄격한 장로의 자격 기준에 미달하는 장로가 선출되었기 때문이라고 할 수 있다. 장로에 대한 엄격한 자격 기준이 있지만 강제성이 없고 교인들 역시 이 자격 기준에 대한 이해 부족으로 영적으로 무자격한 장로를 선출하는 것이 그 한 원인이라고 할 수 있다. 선출하는 교인들이나 선출되는 장로 당사자 역시 이 자격 기준에 대한 정확한 이해가 필요하다.

성경이 규정한 장로의 자격과 우리 교단 법이 규정한 장로의 자격은 아래와 같다. 물론 성경에서 말하는 장로나 감독은 오늘 우리 교단 법으로 정한 장로와 일치하지는 않지만 법 정신은 동일하다고 보며, 적어도 교회 지도자의 일반적 자격 기준이라고 보면 좋을 것이다.

1) 성경이 말하는 장로의 자격

성경에서 말하는 장로의 자격은 디모데전서 3장 1~7절과 디도서 1장 6~9절의 말씀에서 찾아볼 수 있다. 위에서 언급한 대로 성경에서 말하는 장로는 정확하게 오늘의 장로를 의미하지 않고 도리어 오늘날 목사에 해당되는 자격으로 볼 수 있지만 교회 지도자의 덕목으로서의 자격으로 이해하면 좋을 것이다. 장로교 교리의 토대를 만든 깔뱅(John Calvin, 1509-1564) 역시 당시에는 교회 지도자, 특히 장로를 감독이라는 명칭으로 불렀다고 한다(John Calvin의 디모데전서 주석 참고). 이를 볼 때 이 성경말씀은 오늘의 장로의 자격을 의미한다고 봐도 틀리지 않을 것이다.

현재에도 예장 합동측의 경우 헌법 5장 치리장로 3조 "장로의 자격"에서 장로의 자격을 "디모데전서 3장 1~7절에 해당한 자로 한다"라고 규정하고 있고, 이 규정은 우리 교단 구 헌법에도 명시되었던 내용이다.

디모데전서 3장 1~7절에서는 장로의 자격을 아래와 같이 가르치고 있다. 정치적 기능으로 이해하는 오늘의 장로에 비하여 상당히 목회적 기능으로서의 장로의 자격을 규정하고 있다고 할 수 있다.

디모데전서 3장 1절에서는 감독 곧 장로나 목사가 되려는 일을 "선한 일을 사모하는 것"이라고 전제한다. 장로가 되는 것은 무슨 권한이나 힘을 얻기 위한 목적이 아닌 하나님의 교회를 위한 헌신을 목적으로 하는 것임을 전제한 것이다. 오늘날 장로를 무슨 권한이나 특권으로 생각하는 일부 비뚤어진 생각을 가진 경우 이 말씀을 경고로 받아들여야 한다. 물론 정치권력으로부터 박해를 받고 있던 당시에는 신앙을 가진다는 것 자체가 공민권을 박탈당하고 생존의 위협을 당할 때이니 당시에 교회 지도자가 된다는 말은 순교를 각오한 신앙적 결단을 전제한다. 그것은 선한 일을 사모하는 것이고 거룩한 목적임을 명시한다. 그래서 그 선한 일을 하기에 부족하지 않는 신앙적 자격을 제시한다.

(1) 무흠한 사람(책망할 것이 없는 사람)

장로는 성도들의 신령상 형편을 살피고 도덕적, 윤리적으로 모범이 되어야 하기 때문에 스스로도 도덕적, 법적, 영적으로 흠이 없어야 한다. 그래서 디도서 1장 6절에서 말하는 장로의 자격 역시 "책망할 것이 없고"라고 규정한다. 잘못이 전혀 없는 완벽한 사람이라는 의미보다는 성도들을 지도하고 교회를 치리해 나가는 데 걸림돌이 될 만한 흠이 없는 사람이라는 의미이다. 그래서 디도서에서는 "하나님의 청지기로서 책망할 것이 없고"(1:7)라고 덧붙이고 있다. 하나님의 청지기로서 공적 기능을 감당하기 위하여 윤리적으로나 도덕적으로 존경을 받을 만해야 영적 지도력을 행사할 수 있기 때문이다. 교회의 리더십은 힘을 통한 강제력이 아니라 존경받을 만한 거룩성을 통하여 행사될 수 있기 때문이다.

오늘 우리 시대의 장로는 임명직이 아니고 선출직이기 때문에 소위 교회에서 인기가 있거나 인간관계가 좋을 경우 장로로 피택이 될 가능성이 높다. 특히 요즘처럼 장로를 영적 지도자로 생각하기보다는 교회 정치의 한 축으로 생각하는 분위기에서는 더욱 더 그렇다. 그래서 장로의 자격 여부를 그의 신앙적, 영적 조건보다는 외적 인간관계나 사회적 지위 또는 친분관계, 도시 교회의 경우 동향이라는 이유 등이 선출직 지도자를 뽑는 데 부정적으로 작용할 위험이 있다. 근래에 선교의 막대한 지장을 초래하는 교회 직분자들의 일탈은 이런 문제에 대한 진지한 검토 없이 장로를 세운 결과라고 할 수 있다.

소위 "장로감"이라는 기준이 경건한 신앙보다는 외적 화려함이나 세상적 조건으로 평가되는 것이 문제이다. 그래서 장로 선출에 있어서 "책망할 것이 없는 사람"이라는 도덕적, 영적 기준은 오늘 우리 시대에도 가장 중요하게 고려해야 할 조건이다. 또한 장로로 피택되어 교회를 섬기는 지도자일 경우 무엇보다도 자신의 주변을 깨끗하게 관리하고 법적인 문제는 물론 도덕적이고 영적인 거룩함을 세워 나가야 교회를 치리하고 권징을 관리함에 있어서 당당할 수 있을 것이다. 교회의 힘, 교회 지도자의 권위는 거룩성에서 나온다. 그리고 교회에서의 지도력 또한 거룩성이다. 비록 세상의 윤리적 가치가 혼란한 지금이 시대에서도 책망과 사회적 지탄을 받을 사람의 지도력이 설 자리는 없다. 교회는 책망할 것이 없는 사람을 장로로 세워야 하고, 장로는 책망받을 만한 윤리적 흠결이 없도록 자신의 삶을 철저히 관리하여 부끄러울 것이 없는 지도자로 자신을 세워 교회를 치리해야 할 것이다.

(2) 가정을 잘 다스리는 사람

성경은 장로의 자격으로서 건강한 가정, 가정을 잘 다스리는 자이어야 함을 강조한다. 디모데전서 3장 2절에서는 "한 아내의 남편", 디도서 1장 6절에서 역시 "한 아내의 남편이며"라고 규정하고 있고, 한 걸음 더 나아가서 "방탕하다는 비난을 받거나 불순종하는 일이 없는 믿는 자녀를 둔 자라야 할지라"라고 규정하여 한 아내의 남편일 뿐 아니라 그 자녀들 역시 건강하게 잘 키운 사람이어야 함을 강조한다. 디모데전서 3장 4절에서 "자기 집을 잘 다스려 자녀들로 모든 공손함으로 복종하게 하는 자라야 할지며"라고 명시하고 있고, 5절에서는 "사람이 자기 집을 다스릴 줄 알지 못하면 어찌 하나님의 교회를 돌보리요"라고 부언 설명을 하고 있다. 일부다처제가 용인되고 정절의 문제와 기준이 우리 시대와 달랐던 때에도 성경은 부부의 정절을 지도자의 덕목으로 제시한다. 법적으로 혹은 사회 통념상 문제가 없어도 교회 지도자로서의 영적 권위를 위해서는 부부의 정절에도 흠이 없어야 한다는 것이다. 교회 지도자의 윤리적 문제는 "죄냐, 아니냐?"보다는 신앙적으로 "옳으냐, 그르냐?"의 문제이다. "잘못이냐, 아니냐?"의 문제보다 영적 권위가 더 중요하게 고려되어야 한다는 말이다. 그 기준이 법 개념이나 사회 통념상의 문제이기보다는 영적인 문제여야 한다.

한 걸음 더 나아가서 자신의 문제뿐 아니라 자녀들의 신앙적 삶의 문제까지 지도자의 조건으로 제시한다. 비록 가정의 정절의 문제가 없다고 해도 자녀들을 잘못 양육하여서 자녀들 중에 방탕하다는 비난을 받거나 불순종하는 자녀가 있다면 장로의 자격이 안 된다는 말이다. 영적 지도자의 조건은 먼저 건강한 가정생활을 전제로 한다. 가정을 잘 다스리지 못하면서 교회공동체를 치리할 수 없고, 또 부정(不貞)하거나 문란한 생활로 영적 지도력에 흠이 있다면 공동체를 이끌어 갈 지도력을 발휘할 수 없다. 특히 일부다처(一夫多妻)를 허용하던 당시에도 이를 강조한 것을 보면 오늘 우리 시대의 가정의 건전성을 강조한 자격 규정이라고 할 수 있다. 성경은 영적 지도력을 위하여 가장 우선적으로 고려할 문제를 그의 가정 곧 부부의 정절과 자녀들의 신앙이라고 규정한 것이다. 가정공동체를 잘 다스리지 못하는 사람이 교회공동체를 다스려야 할 지도자로 세워져서는 안 된다는 말이다. 교회는 이 문제에 대하여 유념하여 지도자를 세워야 하고, 또 지도자 스스로 자신의 가정과 자녀들의 영적 경건성을 잘 지켜 나가야 한다.

그런데 문제는 교인끼리 서로 잘 아는 소규모의 교회인 경우 장로

후보자의 가정이나 자녀들에 대하여 잘 알 수 있어서 건덕상의 문제가 장로 선출의 고려 대상이 될 수 있지만 규모가 큰 교회일 경우 성도들이 장로 후보의 가정, 특히 그 자녀들에 대하여 잘 알지 못함으로 이런 도덕적이고 윤리적인 문제나 가정 문제를 고려하지 못하고 장로를 선출할 수도 있게 된다. 그것이 결과적으로 심각한 교회 문제의 원인이 될 수도 있다. 장로는 기본으로 바른 품성과 윤리·도덕적으로나 신앙적으로 바로 되지 못할 경우 결국 교회에 폐를 끼칠 수밖에 없게 된다. 그러므로 가정과 자녀들을 잘 다스려야 한다는 장로의 덕목은 규모가 큰 교회에서도 예외일 수 없다.

필자가 섬겼던 교회의 경우 공동의회에서 1차 투표를 통하여 장로 후보자를 뽑고 그 후보자들의 신앙생활과 봉사 그리고 교회에서 받은 교육과 가정을 공적으로 공개한 후 2차 투표로 장로를 선출하는 방법을 사용하고 있다. 모범이 되지 못하는 신앙생활과 가정을 비롯하여 자기 주변을 잘 다스리지 못하거나 윤리적 흠결이 있는 장로의 경우 교회에 덕을 끼치지 못하기 때문이다. 그래서 성경은 윤리적, 법적, 신앙적 흠결이 없는 사람을 교회 지도자로 세울 것을 명하고 있는 것이다.

(3) 성숙한 인격의 소유자

지도자의 중요한 덕목 중 하나는 인격이다. 그래서 성경은 장로의 중요한 자격, 덕목 정도가 아니라 명확한 자격 기준을 "성숙한 인격의 소유자"로 규정한다. 장로는 먼저 그의 거룩한 인격과 자기 통제력을 소유한 영적 능력의 소유자이어야 한다는 것이다. 디도서에서는 "제 고집대로 하지 아니하며 급히 분내지 아니하며 술을 즐기지 아니하며 구타하지 아니하며 더러운 이득을 탐하지 아니하며"(1:7)라고 하여 균형 잡힌 인격을 요구하고 있다.

먼저 "제 고집대로 하지 아니하며"라고 한다. 균형 잡힌 인격의 소유자는 일천한 자기 생각이나 주장을 고집하지 않는다. 고집은 소신이기보다는 열등감의 표현일 수 있다. 실제로 목회 현장에서 설득이 가장 어려운 대상이 학력이나 사회적 지위 또는 경제적 능력에서 열등감을 가진 사람이다. 필자의 목회 현장에서도 가장 어려웠던 지도자가 바로 이런 사람이었다. 정말 이런 사람에게는 무슨 말을 못한다. 말마다 오해하고 삐치고 시비하고 불필요한 고집으로 공동체를 어렵게 한다. 이런 사람은 장로가 되지 말아야 하고 장로가 된 사람은 먼저 자기 열등감에서 자유함을 받고 아집에서 해방되어야 한다.

"급히 분내지 아니하며"라고 한다. 일정 수준 사회적인 능력이나 자기 통제력을 가진 사람인 경우 쉽게 분내거나 쓸데없는 자존심이나 고집에 집착하지 않는 너그러움과 마음의 여유가 있고 남을 용납할 줄 아는 아량이 있다. 그런 경우 설득이 가능하고 옳고 그름에 대하여 양보하고 협력이 가능하다. 무엇보다 그의 도덕성에 있어서 어려움이 없다.

지도자의 덕목으로 "술을 즐기지 아니하며"라고 한다. 예전부터 우리나라는 신앙인의 외적 표시가 바로 "금연과 금주"였다. 이런 기준이 없어서 음주가 허용될 당시에도 지도자는 "술을 즐기지 않는 사람"으로 규정한 것은 큰 의미가 있다. 지도자는 그런 무가치한 즐거움에 빠지지 않는 사람이어야 한다. "취한다"는 말은 제정신이 아니라는 말이다. 취한 상태에서 영적인 온전함이나 성령의 인도를 따를 수는 없을 것이고 정상적인 사고나 행동도 불가할 것이다. 그런 의미에서 한국교회 그리스도인의 중요 덕목으로서의 금주는 참으로 적절한 조치라고 할 수 있다. 성경은 술에 취하지 말고 새 술(성령)에 취하라고 말한다(엡 5:18).

지도자는 "구타하지 않는다." 너무나 당연한 말이며 재론할 필요조차 없는 당연한 규정이라고 할 수 있다. 무슨 일이든 논리와 윤리적 가치 판단으로 결정할 수 있다면 물리적 힘을 행사할 필요조차 없을 것이다. 구타는 논리적인 말로 설득하지 못하고 강제적, 물리적인 힘으로 사람을 굴복시키려는 지극히 원시적인 윤리이고 방법이다. 교회 지도자가 의와 순리로 사람을 설득할 수 없다면 이미 지도자의 능력이나 정당성이 없는 것이고, 그런 지도자는 지도력을 바로 행사할 능력도 없을 것이다. 너무나 당연한 지도자의 덕목이다.

"더러운 이득을 탐하지 아니하며"라고 한다. 더러운 이익 정도가 아니라 지도자는 자기의 이익보다는 공동체의 이익을 먼저 생각해야 한다. 지도력을 약화시키는 가장 무서운 폐단이 바로 자기 이익, 즉 사적 이득에 대한 관심이고, 한 걸음 더 나아가서 불의한 이득을 탐낸다면 스스로 지도자이기를 포기하는 것이 된다. 지도자의 중요 덕목은 바로 이기적 욕심에서 자유할 수 있어야 한다.

그래서 디모데전서 3장 2절에서는 "모든 일에 신중하며 행실이 단정하며"라고 명시하고 있다. 또한 "나그네를 대접하며"라고 명시함으로 당시 신한 핍박으로 인해 나그네 된 자들에 대한 배려와 돌봄에 소홀하지 않은 긍휼을 가진 자여야 함이 강조된다. 그리고 "가르치기를 잘하며"라고 규정하여 지도자의 중요 사역과 덕목이 가르치는 것임을 말하고 있다. 이는 물론 교육적 능력이나 기능을 의미하기보다는 겸손한 자기 실천으로 남을 이끌어 갈 능력을 의미한다.

디모데전서 3장 6절에서는 "새로 입교한 자"도 안 된다고 한다. 왜냐하면 준비 없이 쉽게 지도자가 되면 "교만하여져서 마귀를 정죄하는 그 정죄에 빠질까" 염려되기 때문이라고 설명하고 있다. 나아가서 성도들은 물론 그를 아는 불신자들로부터도 "선한 증거를 얻은 자라야 할지니"(7b절)라고 명시하고 그 이유를 비방과 마귀의 올무에 빠지지 않기 위함이라고 부연 설명을 하고 있다. 교회 지도자는 그의 가정생활이나 건덕 그리고 인격적으로 문제가 없고 불신자들에게까지 인정을 받을 수 있는 사람이어야 한다. 교회는 잘 준비된 자를 지도자로 세워야 하고 지도자가 되는 자는 스스로 건덕상 흠이 없는 인격의 소유자이며 다른 사람에게 인정을 받을 수 있는 사람으로 자신을 세워야 한다. 오늘날 사회 일각에서 교회 지도자들의 일탈로 인해 물의를 일으키는 중요한 이유는 이렇게 자격 요건을 갖추지 못한 무자격자를 지도자로 세우는 데 그 원인이 있음을 알 수 있다.

2) 교회법이 말하는 장로의 자격

장로의 자격에 대해서는 교회법으로도 엄격히 규정하고 있다. 대한예수교장로회(통합)의 경우 헌법으로 장로의 자격 기준을 정하고 있는데 헌법 2편 정치 6장 장로 40조에서는 장로의 자격을 "상당한 식견과 통솔의 능력이 있는 자로 무흠 세례교인(입교인)으로 7년을 경과하고 40세 이상 된 자라야 한다"고 명시하고 있다.

(1) 상당한 식견과 통솔의 능력이 있는 자

교회의 지도자는 상당한 식견을 가지고 있어서 성경에 대한 이해는 물론 지도력을 행사하기에 부족하지 않는 식견이 있어야 한다. "알아야 면장을 한다"는 우리나라 속담과도 일치된 말이다. 지도자로서 교회공동체를 바로 이끌어 가기 위해서는 하나님의 말씀에 대한 이해뿐 아니라 세상적인 지적 능력과 시대를 바로 보고 판단할 수 있는 능력을 소유해야 한다.

특히 지도자는 공동체를 이끌어 갈 만한 지도력(Leadership)을 갖추어야 한다. 지도자는 자기만 잘하면 되는 것이 아니라 공동체를 이끌어 가야 하고 공동체 구성원들의 신앙 역시 일정부분 책임을 져야 하기 때문이다. 지도자는 부족한 사람을 채워 주고, 또 지나친 사람을 통제할 수 있는 능력, 교회공동체가 건강하게 발전하고 사명과 책임을 살 감당하도록 이끌어 가는 지도력이 있어야 한다. 그래서 지도자에게 있어서 상당한 식견과 통솔의 능력은 필수적 요건이라고 할 수 있다. 세상에서 가장 어려운 사람이 무식하고 용감한 사람이라는 말이 있다. 모르면서 소신까지 있는 사람은 참 다른 대책이 없다. 자기가 오류에 빠져 있다는 사실을 모르는 사람은 그 오류에서 벗어날 수 없기 때문에 그런 지도자가 지도력을 행사하는 공동체는 오류에서 벗어날 수 없고 설득조차 불가하다. 그런 열심은 돌이킬 수 없는 오류에 빠지게 된다. 그래서 지도자는 상당한 식견과 소양을 소유한 자이어야 하고 그런 사람을 지도자로 세워야 한다.

아무리 좋은 신앙을 가지고 있어도 지도력이 없이는 지도자가 될 수 없고 교회공동체를 바로 이끌어 갈 수 없기 때문에 식견과 통솔력은 장로의 중요한 자격 요건이라고 할 수 있다.

(2) 무흠 세례교인(입교인)으로 7년을 경과한 자

세례교인이면서 흠이 없는 자로 7년 이상을 인정받은 사람이어야 한다고 규정하고 있다. 세례 받은 지 7년 이상이 된 무흠 입교인이어야 한다는 말은 예수를 믿어 구원의 확신을 가지고 세례를 받은 뒤 7년 이상 경과한 사람이어야 한다는 말로 신앙인으로 충분히 성숙하여 검증을 받은 자라는 의미이다. 세례를 받음으로 기독교인이 되고 구원받는 것이 확실하여도 신앙인으로 성숙하고 훈련된 사람이어야 지도력을 행사할 수 있다. 지도자는 자기 구원으로 만족할 수 없고 다른 사람을 이끌어야 하므로 신앙인이 되었을 뿐 아니라 신앙인의 인격과 삶,

생활 습관은 물론 삶의 방법까지 변화된 사람이어야 하고 그것이 공적으로 확인이 되어야 한다. 그 검증기간을 7년 정도로 보는 것이다. 스스로의 결단이나 회심만으로는 충분치 않고 외인에게서도 증거를 얻은 자라야 한다는 의미이다. 곧 자신의 결단뿐 아니라 공동체 구성원들에게도 인정받은 사람이어야 지도력을 행사할 수 있다는 말이다.

신앙이란 깨달음만이 아니라 그것이 삶이 되어야 하고 마음만이 아니라 삶까지 변해야 한다. 그래서 신앙은 그리스도의 장성한 분량에 이르도록 자라야 한다. 성장은 시간을 필요로 하며 그 기간을 최소한 7년으로 규정한 것이다. 아이가 태어나는 즉시 사람이기는 하지만 사람의 노릇을 하기 위해서는 성장해야 하는 것처럼 신앙도, 지도력도 성숙할 시간이 필요하다. 그래서 아무리 뜨거운 영적 경험으로 그리스도인이 되고 새롭게 태어나도 성숙할 신앙적 기간이 필요함을 말하는 것이다.

(3) 40세 이상 된 자

사람의 신앙 인격이 성숙하고 자아 통제 능력을 갖고 지도력을 발휘하기 위해서는 적어도 40세 이상이어야 한다. 혈기에 좌우되지 않고 이성적 판단과 신앙적 결단으로 스스로를 통제할 수 있고 다른 사람의 신앙을 지도하고 책임져 줄 수 있는 지도자가 되기 위해서는 삶의 충분한 경험으로 성숙한 자라야 한다는 의미이다. 무슨 일이든지 경솔한 판단은 지도력의 결점이 될 수 있기 때문이다. 교단 헌법에서 목사의 자격 연령을 30세로(정치 5장 26조 2항) 한 것에 비해 평신도 지도자인 장로의 자격 연령 규정을 더 엄격하게 한 것은 목사가 더 전문적인 신학 훈련을 받았기 때문일 것이다. 전문적인 신학 훈련이나 지도력 훈련을 받지 않은 평신도로서 충분한 경험과 성숙함을 요구한 것으로 볼 수 있다.

이처럼 성경에서나 교단 헌법에서, 그리고 평신도의 요구 등으로 볼 때 장로는 충분한 자격 요건이 갖추어지고 성도들의 인정을 받은 자라야 한다는 것이 성경적이고 또한 교단 법에서 요구하는 자격이라고 할 수 있다.

3
장로의 준비

1) 지도력

교회에서 장로의 지도력은 그 교회의 운명을 결정하리만치 참으로 중요하다. 교회의 정치 구조나 제도상 목사는 장로들로 구성된 당회를 통하여 교회를 치리하고 권징하며 목회 사역을 시행할 수 있다. 어떤 유능한 목사도 당회의 동의와 협력을 받지 않고는 목회가 불가능하다. 목사는 당회 곧 장로들과 함께 교회를 목회할 수 있도록 되어 있다. 장로교회일수록 더욱 더 그렇다. 그것이 현실 교회의 정치 제도의 장점이기도 하다. 그래서 유능한 목회자란 당회를 잘 움직이고 당회를 잘 이끌어 가는 목사라는 의미가 되고, 목회란 당회를 운영하는 것이라는 말이 성립된다.

목사는 장로가 아무리 무능해도, 아무리 신앙이 없어도 장로와 함께 일해야 한다. 교인들 중에 아무리 신앙이 좋고 유능한 인사가 있어도 그보다는 당회원 곧 장로와 함께 교회 정책을 입안하고 사역을 시행하게 되어 있다. 그래서 성공적인 목회를 위해서는 장로의 지도력을 필요로 한다. 당회가 중요히고 당회를 구성하는 장로가 중요하다. 장로가 교회를 주장한다고 해도 지나친 말이 아니고, 장로교회는 장로들의 교회라는 말이 일리가 있는 말이다. 교회와 목사의 목회를 위하여 장로가 유능해야 하고, 신앙이 있어야 하고, 비전이 있어야 하고, 교인들의 모범이 되어야 한다.

그러므로 장로는 위에서 성경이 말하는 자격과 교회법에서 정한 자격을 갖추어야 한다. 물론 모든 장로가 다 그런 자격이나 능력을 소유하지도 않았고, 장로들을 뽑은 성도들의 분별력 역시 완전하지 않다. 우리가 바라기는 장로 스스로의 노력과 처신에 맡길 뿐이다. 정말 중요한 것은 장로가 능력도 없이 자신만만하지 말아야 하고 확실히 알지도 못하면서 자존심만 내세우고 고집을 부리지 말아야 한다. 능력도 지혜도 없는 사람들이 종종 자신만만하게 통치의 끈을 쥐려 하는 경우가 있다.

장로의 인격에 교회의 미래가 달려 있다. 장로의 직분은 존귀하다. 존중받아야 한다. 그러기 위해서는 장로 스스로 바로 잘 세우는 노력이 중요하다. 장로는 당회뿐 아니라 때로는 노회나 총회에 총대로 파송되어 목사와 동등한 권한으로 교단 정치에 참여한다. 그래서 노회나 교단 총회에 막대한 영향을 행사하게 되고, 나아가 노회나 총회 그리고 한국교회 전반에 걸쳐 영향을 줄 수 있다. 그러므로 장로는 언제나 자기 부족을 인정하고 겸손히 배우며 자신을 유능한 지도자로 세워 가야 한다.

늘 자신은 완전하지 않으며 인격이나 사역에서 아직도 더 향상되어야 함을 인정하고 겸손히 배우고 자신을 온전하게 세워 나가야 한다. 절대로 "그 사람 장로 되더니 사람 버렸어"라는 비판적인 소리를 들어서는 안 된다. 장로는 다스리고 주장할 뿐 아니라 겸손히 배우고 섬기고 때로는 자신을 희생할 수 있는 헌신적인 인격자라야 한다.

중요한 것은 직임이나 자리보다는 먼저 그 자리에서 그 직임을 수행할 수 있는 능력과 신앙을 갖추어야 한다. 곧 재목이 되어야 한다. 좋은 옷감이어야 좋은 옷을 만들고 재목이 좋아야 좋은 집을 짓는다. 나무가 커야 열매를 많이 맺는다. 그래서 "큰일 하게 해 주십시오"라고 기도하기보다는 "큰 인물 되게 해 주십시오"라고 기도를 바꾸어야 한다.

특히 오늘 한국교회의 위기는 교회 지도자들의 지도력의 약화이다. 이 지도력의 부재가 교회의 갈등을 초래하고 나아가서 한국 사회로부터 교회의 신뢰를 약화시키고 또 시대를 이끌어 갈 교회의 지도력에 심각한 타격을 준다. 장로가 교회에서 지도력을 회복하여 교회를 거룩하게 이끌어 가는 것이 한국교회의 새 역사를 이룰 수 있는 계기가 될 것이다.

2) 유용성

유능한 것과 유용한 것은 다르다. 유능해도 무용한 사람이 있다. 성
경은 "큰 집에는 금 그릇과 은 그릇뿐 아니라 나무 그릇과 질그릇도 있
어 귀하게 쓰는 것도 있고 천하게 쓰는 것도 있나니"(딤후 2:20) 라고 한
다. 큰 그릇도 작은 그릇도, 금 그릇도 은 그릇도 있지만 중요한 것은
귀하게 쓰이는 그릇이어야 한다. 곧 유용해야 한다. 쓰임 받기에 마땅
해야 한다는 말이다. 어떤 그릇인가도 중요하지만 그보다는 잘 쓰임
받는 그릇이 중요하다. 역사는 쓰임 받는 사람들을 통하여 만들어진
다. 교회 역시 수많은 유능하고 잘난 사람들이 있지만 중요한 것은 쓰
임 받아야 한다. 사람이 유능해야 하지만 더욱 중요한 것은 유용해야
한다. 유능하지만 무용한 사람이 있기 때문이다.

필자가 목회하던 교회에서는 교회 봉사자 임명의 중요한 원칙 3가
지가 있었다. ① 공정성을 기하지 않는다. ② 직분이나 능력 위주로
하지 않는다. ③ 목회 효율성을 따른다. 봉사자 임명은 누구를 임명
하는 것이 봉사의 효율성을 높일 수 있는가가 우선적으로 고려해야 할
사안이다. 교회가 봉사자를 임명하는 것은 교회 사역의 극대화를 위
한 것이지 권력이나 소유의 분배가 아니기 때문이다. 공정성보다는 효
율성이 더 중요한 고려의 대상이고 실제로 교회 사역에서 절실한 것이
바로 유용성이다. 직분이나 능력을 위주로 하지 않는 이유도 마찬가
지이다. 물론 직분 자체가 봉사를 위하여 주어진 것이고 능력이 봉사

의 필수조건이지만 현실적으로 직분으로 일하는 것이 아니고 유능해도 유용하지 않은 경우가 많기 때문이다. 그래서 가장 우선적으로 고려해야 하는 것이 바로 목회 효율성이다.

실제로 우리 사회에 높은 직위나 유능한 인물들이 많지만 유용하지 못한 사람이 더 많다. 도리어 직위나 능력이 오용되어서 국가 발전이나 교회 사역에 걸림돌이 되는 경우가 허다하다. 장로의 경우에도 장로라는 직임이 도리어 교회 사역에 걸림돌이 되고 장로의 잘못된 정치력의 행사로 교회를 어렵게 하고 목회자를 좌절시키는 경우를 종종 볼 수 있다.

그래서 장로는 섬기는 교회에서 유용하게 쓰임 받을 수 있도록 자신을 세워야 한다. 교회마다 그 규모나 목회 형태, 사역의 종류나 방법 등의 차이가 있기 때문에 장로는 자신이 섬기는 교회에서, 그리고 자신이 간여하는 치리나 권징에 있어서 유용할 수 있도록 자신을 세워야 한다. 목회자는 장로의 유능성보다는 유용성을 중히 여기고 자신의 목회에 손발이 맞는 유용한 장로와 함께 일하기를 바란다. 그것은 성도들 역시 어떤 교회 형편이든 자신들의 신앙 성장과 사역 참여에 유용하게 함께할 장로를 요구한다.

유능함보다는 유용해야 함을 보여주는 아주 좋은 실례가 바로 골리앗과 싸운 다윗의 이야기일 것이다. 성경 사무엘상 17장에 나오는 이야기이다.

이스라엘 초대 왕 사울의 시대에 이스라엘이 블레셋과 전쟁을 하게 되었다. 엘라 골짜기에서 블레셋과 접전하게 된 이스라엘은 전쟁도 하기 전에 블레셋 장군 가드 사람 골리앗 앞에서 전의를 상실해 버렸다. 여섯 규빗 한 뼘(약 3m)의 장대한 골리앗, 머리에 놋 투구를 쓰고 몸에는 놋 오천 세겔(약 57kg)에 달하는 비늘 같은 갑옷을 입고 다리에 놋 각반을 차고 어깨에 놋 단창을 메고 나온 골리앗, 육백 세겔(7kg)이나 되는 창을 들고 나와서 이스라엘을 위협하는 골리앗 앞에서 이스라엘은 전쟁도 하기 전에 이미 전의를 상실했고, 더욱이 하나님을 모욕하는 골리앗을 앞에 두고도 속수무책으로 떨고 있었다.

이때 아버지 이새의 심부름으로 전쟁에 나간 형들을 찾아 갔다가 이 기막힌 현장을 목격한 어린 다윗은 감히 하나님을 모욕하는 골리앗에 대한 의분으로 자신의 참전을 왕에게 요청하였다. 떨고 있던 왕 사울은 너무나 감격한 나머지 어린 다윗에게 자신의 군복을 입히고 놋 투구를 그의 머리에 씌우고 자신의 갑옷을 벗어 주었다. 가장 안전한 전투 복장과 당시로서는 가장 좋은 무기를 다윗에게 준 것이다. 그러나 다윗은 왕이 준 그 좋은 무기가 아니라 시냇가에서 매끄러운 돌 다섯 개를 골라서 물매와 함께 가지고 골리앗에게로 갔다. 그에게는 왕이 준 좋은 무기보다는 작은 돌멩이 하나가 훨씬 더 유용한 무기였다. 작은 돌멩이 하나로 안하무인으로 오만한 골리앗을 넘어뜨리고 살아계신 하나님의 능력을, 전쟁은 하나님께 속한 것임을 만천하에 보여주었다.

그렇다. 얼마나 좋은 무기인가보다는 얼마나 유용한 무기인가가 더 중요하다. 골리앗과의 전쟁에 나간 다윗에게는 어마어마한 골리앗을 넘어뜨리는 데 왕이 준 그 좋은 무기가 아니라 단지 물맷돌 하나가 필요했다.

중요한 것은 유용성이다. 그야말로 잘 쓰여야 한다. 아무리 많은 소유나 능력도 쓰임 받지 못하고 유용하게 사용되지 못하면 의미가 없다. 무용한 능력이나 소유는 존재 가치가 없다. 잘 쓰여야 한다. 마태복음 14장(요 6장 참조)에서 벳새다 들녘의 이름 모를 어린 아이 손에 들려 있던 오병이어가 200데나리온의 떡보다 귀히 쓰여 오천 명이 먹고도 12광주리나 남게 되었다. 중요한 것은 쓰임 받는 것이다. 유용해야 의미가 있다. 모세의 손에 잡힌 지팡이 하나가 홍해를 가르고 광야의 이스라엘을 이끌어 갔다. 어느 산골짜기에서 어떤 나뭇가지로 만든 어떤 재질의 지팡이, 얼마나 잘 다듬어진 좋은 지팡이인가가 중요한 것이 아니라 모세의 손에 잡혀 유용하게 쓰임 받은 것이 중요했다. 어떤 지팡이인가가 중요한 것이 아니라 누구의 손에 들린 지팡이인가가 중요했다.

당시 갈대아 우르의 수많은 사람 중에 우상장수의 아들 아브람이 믿음의 조상 아브라함이 될 수 있었던 것은 아브라함의 위대함 때문이 아니라 그가 하나님께 쓰임 받았기 때문이다. 어떤 사람인가 하는 그의 능력보다 어디에 무엇을 위하여 쓰임 받았는가가 중요하다. 유능성이 아니라 유용성이 더 중요하다.

성경에서 수많은 사례를 볼 수 있다. 노예 출신 여호수아가 이스라엘을 가나안으로 인도하여 모세보다 더 큰일을 했고, 아버지조차 인정하지 않았던 다윗이 이스라엘 통일왕국의 성군이 되었고, 성격만 급

했던 어부 베드로가 예수님의 수제자가 되었다. 오늘 우리가 교회를 이끌어 갈 장로가 된 것은 단지 한 가지 이유이다. 하나님께 쓰임 받게 된 은혜 때문이다. 그리고 하나님께서 이렇게 부르심은 유능함 때문이 아니라 유용성 때문일 것이다. 그래서 장로는 끊임없이 자신을 유용한 존재로 하나님 앞에 드릴 수 있어야 한다.

3) 비전과 실력

목사의 사역과 목회의 능력은 시무하는 교회의 장로 수준을 넘지 못한다는 말이 있다. 목사는 목회를 혼자 할 수 없고 장로와 함께 해야 하기 때문에 장로의 영적 수준을 넘을 수 없고 그 지도력을 능가할 수 없다. 목사는 그 교회 장로의 영적, 신앙적, 인격적 수준이 어떻든 장로들과 손잡고 일할 수밖에 없다. 목사에 버금가는 수준 높은 사람이든지, 아니면 정말 소심하고 왜곡된 사고방식을 가진 사람이든지 관계없이 교인들이 뽑고 장로로 안수하면 그 사람들과 같이 일해야 한다. 치리와 권징, 나아가 교회 모든 정책과 사역은 당회를 통해 시행되어야 하고 당회는 장로들로 구성되어 있기 때문이다. 교인 중에 아무리 수준 높고 고매한 인격을 갖춘 평신도가 있다고 하더라도 그 평신도와 일하는 것이 아니라 당회원인 장로들과 같이 일할 수밖에 없다. 그리고 장로들이 이해하고 수긍하고 협력하는 수준에서 장로들과 같은 눈높이로 목회를 할 수밖에 없다. 그래서 장로들이 높은 안목을 가지고 목사를 도우면 목사가 독수리처럼 하늘을 날 수도 있고, 그분들의 안목이 좁고 폐쇄적이고 부정적이고 천박하면 아무리 유능한 목사도 무능한 지도자로 전락할 수밖에 없다.

아무리 유능한 목사도 당회원들을 무시하고 일할 수는 없다. 어떻든지 간에 그분들과 같이 일해야 하기 때문에 당회원들이 목사의 날개를 펴지 못하도록 하면 아무것도 못하는 무능한 목회자가 될 수밖에 없다. 그래서 장로의 수준이 목사의 수준이라고 말할 수 있다. 물론 목사의 목회 역량이 중요하고 장로도 역시 목회의 대상이므로 장로의 수준을 끌어올리고 유용하게 세워 나가야 하는 것이 목회이지만 현실적으로 오늘날과 같은 장로 정치 구조에서는 용이한 일이 아니다. 어떤 경우 목사의 목회가 장로들을 설득하고 이해시키기 위하여 노력하는 시간적, 영적 낭비가 목회의 실제적 사역보다 훨씬 더 많을 수 있다. 장로 때문에 날아가는 목회도 할 수 있지만 장로 때문에 기어가는 목회를 해야 할 경우도 있다.

간혹 장로가 되면 더 이상 배울 필요가 없이 치리와 권징의 권리로 목사와 맞서거나 목사를 통제해야 한다는 잘못된 관념이 팽배하여 많은 갈등이 야기되고 사역이 지체되고 또 목사가 탈진하는 경우를 보기도 한다. 그래서 장로에게 우선되는 요구는 스스로의 비전과 실력을 높이라는 것이다. 장로가 높은 비전을 가지고 실력을 키울 경우 목사의 목회의 폭과 수준이 증대되고 목사가 가진 목회 이상을 실현할 수 있게 될 것이다. 장로의 좁은 생각이나 근시안적인 시각이 목사의 목회 비전을 제한하지 않도록 치리와 권징의 파트너인 장로 스스로의 수준을 향상시키는 것이 목사의 목회를 돕는 중요한 협력이 될 수 있다.

4) 넓은 안목

당회원들은 장로가 된 것으로 만족하지 말고 더 수준 높은 장로로 자신을 세우기 위하여 높고 넓은 안목을 갖도록 노력해야 한다. 많은 경우 장로가 되었어도 자신의 경험이나 생각의 한계를 넘지 못하고 자신의 성장이나 경험, 자신의 삶의 형편, 문화적 한계 안에 있으면서 목사를 자신의 안목에 맞추려고 고집하는 경우가 많다. 사람의 사고 능력이나 안목의 넓이는 자신의 문화적 한계를 넘지 못하기 때문에 장로는 자신의 경험이나 형편, 문화적 한계를 넘을 수 있도록 스스로 안목을 넓혀야 한다. 자신의 고집에 갇히지 말고 남들은 어떻게 하는지, 다른 교회 장로는 어떻게 하는지 안목을 넓혀야 한다. 큰마음을 가지고 통을 키워야 한다.

사실 장로도 목사만큼 공부하고 통을 키우고 마음을 넓게 하고 깊이 기도해야 한다. 많은 경우 일반 성도일 때는 열심히 배우는데 장로가 되면 배움에서도 예외가 되려고 한다. 일천한 자기 경험과 지식으로 모든 것을 다 하려고 하는 모순에 빠지기 쉽다. 신앙 훈련이나 말씀 공부 그리고 영적 능력을 세우는 일에 교인보다 앞서야 하고 목사에 버금가는 능력을 갖추어야 한다. 장로가 되었어도 늘 아직 공사 중이어야 하고 완성을 향하여 나아가는 구도자의 태도를 가질 필요가 있다. 일천한 능력으로 남을 가르치고 지시하고 명령하고 권위만 세우려는 태도에서 자유해야 한다. 장로도 목사와 교인들과 같이 계속하여 자신을 세워야 한다. 장로 임직이 신앙 훈련의 졸업식이 아니라는 것을 명심해야 한다.

성도들보다 못한 신앙 능력으로 교회 정책을 다루고 목사의 사역을 간섭하려고 하니까 교회가 안 되고 분쟁이 생기게 된다. "면장도 알아야 한다"는 말처럼 장로도 알아야 한다는 것을 겸손히 인정하고 끊임없이 배우고 훈련하고 자신을 세워야 한다. 장로가 되기 위해 배우는 것이 아니라 더 잘하기 위해 계속해서 배워야 한다. 쓸데없는 자존심으로 자신을 무지에 가두지 말고 열려진 마음으로 자신을 더 온전하게 세워야 한다.

그래서 장로는 선견자가 되어야 한다. 장로는 넓은 안목과 높은 생각으로 성도들보다 먼저 보고(先見), 바로 볼(正見) 수 있어야 한다. 안목을 넓히고 높여서 시대를 분별하는 통찰력과 고상한 인격으로 세워져야 한다.

5) 높은 수준의 도덕성

교회 지도자의 가장 중요한 지도력은 영적, 도덕적 능력이다. 사실 목사보다 더 유능한 교인은 얼마든지 있고, 장로보다 믿음 좋은 성도들도 얼마든지 있다. 사회적인 지위나 지식 그리고 지도력에서 목사나 장로보다 뛰어난 성도들도 얼마든지 있다. 그들을 치리하고 권징하기 위해서는 장로 스스로의 도덕적 능력을 인정받아야 한다. 교회 지도자의 힘은 영적, 도덕적 힘이다. 그래서 목사나 장로는 무엇보다 영적, 도덕적 능력의 소유자여야 하고 또 성도들로부터 그 윤리성을 인정받아야 한다. 교회의 지도력은 명령이 아니라 모범이어야 하고, "앞으로 가라"고 명령하는 힘이 아니라 "나를 따르라"고 말할 수 있는 능력이어야 한다. 그래서 언제나 지도자는 도덕적으로 당당할 수 있어야 한다. 지도자의 능력은 그의 삶의 능력, 도덕적인 힘, 영적인 능력에 있기 때문이다. "돈을 좋아하지 말고, 도(道)를 좋아하라"는 말처럼 영적으로 자신을 세우고 말씀을 따라 살아감으로 삶으로 만들어진 영적, 도덕적인 힘으로 그 지도력을 발휘해야 한다. 떳떳하게 살고, 당당하게 말하고, 자신 있게 성도들을 이끌어야 한다.

사람들은 "웰빙"을 추구하지만 지도자는 "웰 다이닝"을 추구해야 한다는 말이 있다. 잘 사는 것보다 잘 죽는 것이 더 중요하다는 말이다. 잘 사는 것은 인간적인 노력과 수단으로 어느 정도는 가능하지만 잘 죽는 것은 그의 인간적인 노력보다는 거룩한 삶의 결과이기 때문이다. 온몸을 통째로 드려 헌신하는 품격 있는 장로가 되기 위해 장로가 갖추어야 할 능력은 영적, 도덕적 능력이다.

그래서 치리와 권징을 담당한 장로는 자신을 거룩하게 세우고, 교회를 거룩하게 세우고, 성도를 거룩하게 세워야 한다. 장로의 직임 중 가장 중요한 직임 중에 하나가 교회의 거룩성을 지키고 교회를 거룩하게 세우는 일이다. 장로의 삶에 정의가 없고 진리가 없고 정치만 있다면 교회를 거룩하고 온전하게 세울 수 없다. 교회가 정치 역학 곧 힘의 역학에 의하여 좌우되는 공동체가 아니라 영적 능력에 의하여 움직이는 공동체가 되기 위해서는 그 공동체를 이끌어 가는 장로들이 영적, 도덕적 능력을 가져야 하다.

오늘날 한국교회가 사회적 신뢰가 떨어지고 그 영향력이 약화된 가장 큰 이유는 바로 지도자들의 도덕적 흠결 때문이다. 실제로 이 도덕성의 문제는 현실 교회에서 쉽게 찾아볼 수 있다는 것이 한국교회의 아픔이다. 장로가 교회 안에서 거짓말을 지어내어 교회 지도자를 음해하고 폭언을 하고 폭행을 하는 등 큰소리 치는 자가 주인 노릇하는 교회도 있는 것이 현실이다. 또 그런 상황에서도 같은 교회의 다른 장로들은 단지 동료 장로라는 이유로, 또 부딪치기 싫다는 핑계로 그런 장로나 당회를 그냥 방관하고, 교회를 어지럽히고 교회의 거룩성을 마구 훼손하는 자를 꾸짖지 못하고 실없는 대화로 함께 어울리는 도덕적 자정 능력을 상실한 것도 문제이다. 그래서 거룩한 교회가 악하거나 윤리성이 없는 사람들에 의하여 지배되고 의(義)보다는 이(利)를 취하는 메마른 정치 현장이 되어 버렸다. 그러다 보니 교회는 이미 권징의 능력을 상실해 버렸고 당회실은 신앙적, 도덕적 의(義)보다는 힘 있고 목소리 큰 자가 주인 노릇을 하는 잡배들의 아지트가 되었다.

그런 교회일수록 권징의 시행은 거의 불가능하게 된다. 권징의 일차적 대상이 장로 당사자들이 되어 버림으로 권징의 능력을 상실해 버렸고 또 권징의 필요성조차 인식하지 못하게 되었다. 장로가 도덕성을 잃어버리면 "악화가 양화를 구축한다"는 법칙이 경제 구조에서만이 아니라 신성하고 거룩한 교회 안에서도 일상화될 수 있다. 우격다짐으로 덤비는 소위 막가파식 인사가 당회를 장악하여 교회가 피폐해지고 더러워진 불행한 이야기들을 심심찮게 들을 수 있는 것이 오늘 한국교회의 부끄러운 모습이다.

한국교회의 미래를 어둡게 하는 가장 무서운 요인은 교회 지도자들의 윤리적, 도덕적 능력의 상실이다. 부도덕한 장로가 장악한 당회의 가장 큰 문제 중에 하나는 바로 자정 능력이 없다는 것이다. 스스로 거룩성을 세워갈 능력이 없다는 말이다. 그것이 일상화되면 그 교회 당회의 문화가 되고, 그 교회 장로들의 일반화된 의식이 되어 버린다. 그래서 의는 사라지고 차츰 사탄의 영성이 교회를 장악하게 된다. 교회가 서서히 영적 능력을 상실하게 되고 목회자의 목회 능력이 차츰 약화되어 목회자가 목회라는 본래적 수고보다는 비본래적 정서적 아픔에 시달리고 목회 현장이 피폐하게 된다.

윤리의식의 중요 문제는 무슨 악을 행하거나 비윤리적인 행동을 하는 구체적인 행위뿐 아니라 불의나 악을 용납하는 불의에 대한 무감각과 방관의 문제이다. 죄나 악을 행하는 자를 용납하고 악을 행하는 자와 멍에를 함께 메는 일이다. 그래서 악을 행하는 자를 지지하고 동조 혹은 방관함으로 악이 설 자리를 만들어 주게 된다. 악을 행하고도 거룩한 공동체에 어울릴 수 있다는 것이 문제이다. 악을 행한 자가 아무 부끄러움 없이 어울리고 너무 자연스럽게 용납됨으로 교회공동체를 추하게 만든다. 악한 짓을 해도 아무런 부끄러움 없이 함께 어울리고 그것을 용납하는 장로들의 윤리성이 문제이다. 함부로 욕하고 때로 교회를 폄훼하여도 늘 용납하고 동류가 되어 거룩한 교회 정책을 함께 의논하고 교회 사역을 나누는 거룩성 상실, 자정 능력의 상실이 문제이다. 당회를 거룩히 세우려고 하지 않고 냄새나는 더러움을 공유하는 것이 문제이다.

교회를 거룩하게 세워야 한다. 장로의 직임 중에 하나가 교회의 거룩성을 지키고 교회를 거룩하게 세우는 것이다. 그것이 바로 장로의 중요 사역인 치리와 권징을 행하는 일이다. 교회에 정의가 없고 진리가 없고 정치만 있는 것이 교회가 경계해야 할 무서운 병폐이다. 교회가 거룩성은 상실한 채 힘에 의하여 좌우되는 정치집단이 되어서는 안 된다. 거짓말이 난무하고 듣기 거북할 정도의 속된 언어가 상용되는 부도덕하고 비윤리적인 집단으로 전락하도록 방치해서는 안 된다.

거룩한 교회가 악하거나 윤리성이 없는 사람들에 의하여 지배되고 의(義)보다는 이(利)를 취하는 메마른 정치 현장이 되어서는 안 된다. 교회는 어떤 경우에도 옳아야 하고 거룩하게 지켜져야 한다. 특히 장로에게는 높은 수준의 도덕성이 요구된다. 그것이 장로의 힘이고 사역의 능력이고 섬김의 도리이다.

4
장로의 직임

    한국교회는 성도들에 비하여 직분자가 더 많은 편이다. 전교인의 간부화라고 할 수 있다. 교회에 출석하고 5년이 경과되기 전에 특별한 사유가 없는 한 거의가 다 직분을 받는다. 문제는 이 많은 직분자들을 잘 훈련시키고 가르치지 않아서 거의 모든 직분자가 사명과 책임보다는 명예를 위한 직분으로 생각하는 경향이 짙다는 데 있다. 장로 역시 교회나 성도들을 위해 헌신하기 위해 선임되고 장립되기보다는 교회에서의 또 하나의 명예, 신분 상승 정도로 생각하고 정치적인 위상만을 생각함으로 장로 됨을 교권을 얻는 방법으로 여기는 경우가 많다. 그래서 직분이 교회 사역을 풍성하게 하는 것이 아니라 교회 갈등의 원인이 된다. 교회의 직임은 세상의 직임과 달라서 직분이 계급이 아니라 섬김을 위한 책임이다.

    무엇보다 중요한 장로의 직임과 역할은 목사의 협력자로서의 역할이다. 장로는 계급으로 이해할 것이 아니라 기능으로 이해해야 한다. 장로는 교회의 본질적 사명을 감당하기 위해 세워지는 직분이다. 그래서 장로는 권리나 권한보다는 역할과 기능에 대한 바른 이해를 가져야 한다. 분명히 할 것은 장로 직분 역시 사역과 사명을 위한 일이고, 권한은 책임을 전제한 것임을 명심해야 한다. 장로가 감당해야 할 직임은 다음과 같이 정리할 수 있다.

1) 목양(성도들을 보호하는 직임)

장로의 직임 중 가장 중요한 것, 치리와 권징보다 더 중요한 직임은 성도들의 신령상의 형편을 살피는 것 곧 교인 돌봄이다. 장로의 중요한 직임인 치리와 권징 역시 성도들을 영적으로 잘 돌보고 세워 주기 위한 수단으로 주어졌다. 그런데 장로들이 헌법에 규정한 장로의 직임 중 성도들을 돌보는 신령상의 목양의 직임보다 교회 정치 곧 치리에 집중하려고 하는 경향이 있다.

장로가 되면 우선 공예배(특히 주일예배)의 기도를 담당하고 당회원이 되어 당회에 참석하여 교회 정책을 관리하고 교회 조직의 위원장 혹은 부장 등의 직임을 맡아 사역 책임자가 되는 것 정도로 장로의 직임을 다 하는 것으로 이해하기 쉽다. 그래서 장로들이 "주일에 교회에 나와 결재하는 것으로 존재감을 가진다"는 말까지 있다. 장로가 교회의 인사, 재정 등을 권세로 생각하는 경우도 있다. 주일에 교회에 와서 당회실에 모여 앉아서 신령하지 못한 대화나 유익하지 못한 잡담 혹은 TV 연예 프로그램이나 시청하고 앉아 있다가 집사들이 올린 서류에 결재나 하는 정도로 자신의 직임을 감당하고 교회에서의 자신의 존재감을 가지는 경우도 얼마든지 있을 수 있는 일이다. 장로의 가장 중요한 직임이 교회의 거룩성을 지키고 성도들의 신령상 형편을 살피고 주일예배나 사역 그리고 헌신의 본을 보여야 함에도 불구하고 이 성도 돌봄에 소홀하다면 장로의 역할에 결정적 실수를 하는 것이다.

사실 장로는 교회 어른으로서 성도들을 격려하고 세워 주는 일, 때로는 성도들을 꾸중하는 일을 해야 한다. 장로는 그리스도의 몸인 교회를 온전하게 하는 일에 쓰임 받아야 한다. 성도들을 보호하고 보살펴야 한다. 그리고 성도들을 지켜야 한다. 요즘처럼 우는 사자가 삼킬 자를 찾듯이 미혹의 영들이 역사하는 시대에는 장로가 성도들을 지키는 파수꾼의 역할도 감당해야 한다. 목사가 목양을 잘하여 살진 양들을 우리에 가득 채워 놓아도 이리의 노략질을 막아내지 못한다면 목양은 헛수고일 뿐이다. 때로는 사나운 이리가 교회 내부에서도 일어나 교회의 양 떼를 속이고 흩어버릴 수도 있다. 바울은 교회 내부의 이리에 대해 "또한 여러분 중에서도 제자들을 끌어 자기를 따르게 하려고 어그러진 말을 하는 사람들이 일어날 줄을 내가 아노라"(행 20:30)라고 말한다. 정말 장로의 중요 직임은 교회 정치만이 아니라 성도들을 보살피고 신령상의 형편을 살피고 사탄의 공격으로부터 성도들을 지키고 보호하는 일임을 기억해야 한다.

특히 성도들을 보호하는 차원에서의 장로의 역할은 교회의 하나 됨을 힘써 지키는 것이다. 오늘날 한국교회의 가장 심각한 문제는 교회 안의 갈등이다. 교회가 평안하지 못하고 하나 되지 못하고 사랑하지 못하고 서로 미워하고 갈등관계에 처해 있다. 여기서 더 큰 문제는 많은 경우 교회 갈등의 중심에 목사나 장로가 서 있다는 것이다. 성도들 간의 갈등이기보다는 갈등의 대부분이 목사와 장로 사이의 문제이다. 함께 협력하여 교회를 온전하게 하기 위하여 세운 장로와 목사가 갈등을 일으켜서 적대관계가 되어 교회가 어려워지고, 성도 보호의 기능을 바로 하지 못하여 사탄의 공격에 노출되게 하고, 성도들을 영적으로 황량한 들판으로 내보내는 우를 범하는 경우가 많이 있다. 이는 목사가 그 책임의 중간에 서 있기도 하지만 장로직에 대한 잘못된 이해나 태도에서 오는 장로의 기능 오해의 문제인 경우도 많이 있다. 자신의 본분이나 역할을 잘 못하기 때문일 것이다. 바울의 교훈대로 교회는 그리스도의 몸이고 유기체이다. 그래서 기능이 잘못되면 문제가 발생한다.

성경은 교회 지도자들의 기능에 대하여 명확히 가르쳐 준다. 에베소서 4장 11~12절에 의하면 교회에 사도나 선지자나 복음 전하는 자나 목사나 교사가 있는 이유는 "성도를 온전하게 하여 봉사의 일을 하게 하며 그리스도의 몸을 세우려 하심이라"고 말씀한다. 모든 직분의 목적은 성도를 온전하게 하여 봉사의 일을 하게 하며 그리스도의 몸을 세우기 위함이라는 말이다. 장로가 교인들을 세우고 온전하게 하는 일보다는 치리에 더 큰 관심을 갖고, 섬김보다는 다스리는 일(치리)에만 관심을 가진다면 양들을 잘 돌볼 수 없다. 돌봄이 소홀한 양들은 노략질하려는 이리에게 노출될 수밖에 없다.

물론 많은 경우 목사에게 책임이 있다. 장로들이 교회에서 특히 성도들에게 스스로 존경받고 영적 지도력을 가질 수 있도록 세워 주고 그럴 수 있는 기회를 만들어 주어야 하는데 장로들 역시 그런 돌봄을 받지 못함으로 장로의 역할이 치리에만 국한되는 경우도 허다하다. 목사의 목회를 돕는 장로 역시 교인 양육과 교인 돌봄에 함께할 수 있도록 기회를 만들어 주어야 한다. 교인 돌봄은 목사만의 고유한 권한도 아니고 목사만이 담당해야 할 책임도 아니다. 목사가 장로를 행정에만 묶어 두고 성도를 세우는 다양한 목양 사역의 기회를 주지 않아서 자신의 직장이나 사업 문제로 분주한 장로들이 사역에는 관심을 가지지 못하게 하는 것 역시 목사의 책임이라고 할 수 있다. 그래서 많은 교회의 경우 장로는 늘 교구장이니 위원장이니 하는 행정 사역만 담당하게 하고, 교인들을 양육하고 온전하게 세우는 직접적인 목양은 목사나 부목사나 구역 지도자들만의 일로 생각한다. 그러나 장로들이 교인을 돌보도록 해야 한다.

교단 헌법에는 장로는 교회의 택함을 받고 치리회의 회원이 되어 목사와 협력하여 행정과 권징을 관장하는 직분으로서 교회의 신령상 관계를 살피고 교인들이 교리를 오해하거나 도덕적으로 부패하지 않도록 교인을 권면하고, 권면하였으나 회개하지 않는 자가 있으면 당회에 보고하여 지도하는 일 곧 교인들을 보살피는 것이 장로의 중요 직임이라고 밝힌다(헌법 2편 6장 39조). 곧 장로의 가장 중요한 직임은 교인을 돌보는 일이다.

실제로 90년대까지만 해도 장로는 목사와 더불어 성도들의 가정을 심방하고 성도들을 돌보는 일에 있어서 늘 목사와 동역했다. 특히 봄가을 1년에 2번 하는 정기심방의 경우 장로가 항상 함께하였다. 그래서 정기심방의 경우 장로들의 일정을 따라 심방 날짜를 조정하기도 했다.

그러나 언제부터인가 심방을 비롯한 교인 돌봄의 책임은 구역장이나 심방 권사에게 일임되었다. 장로는 교인을 돌보고 영적으로 바로 세워가는 목양과 관련된 직무보다는 교회를 치리하고 다스리는 교회 정치에만 관심이 있어 장로 직분이 계급화, 권력화되어 버렸다. 심방과 교인 돌봄에 있어서도 오랜 기간 동안 교인들을 보아 오고 돌봤으며 또 많은 인생 경험과 신앙의 경륜을 가진 장로들이 교인들의 신앙을 조언하고 도와주는 것은 심방의 효율성을 높이는 큰 힘이 되는 것이 사실이다. 물론 목사의 신앙 지도도 필요하지만 목사보다 교인을 더 깊이 알고 그들의 삶의 문제를 더 잘 이해할 수 있다는 면에서 장로들의 심방 도움은 참으로 중요한 직무이다. 물론 장로는 성직임에도 불구하고 성직자는 아니기에 그들의 개인적 삶이 있고 또 복잡한 현대 사회 속에서 장로 자신의 생업과 사회적 활동을 위하여 심방과 교인 돌봄에 여력이 없음으로 현실적으로 많은 제한이 있기는 하다. 그럼에도 불구하고 장로의 직무는 교인들을 보살피는 일임을 명심해야 할 필요가 있다. 물론 교회 치리나 권징도 교인들을 돌보는 일이라고 강변할 수도 있지만 주일 하루, 그것도 문서나 구두로 보고되는 내용만 가지고서 교인들을 영적으로 지도한다는 것 역시 현실적으로 불가능한 일이다.

교인들의 형편을 알고 교인들을 영적으로 지도하는 일은 교회의 그어떤 사역보다 더 중요한 사역이다. 양을 부살피는 일이야말로 목자의 가장 중요한 관심사여야 하고 책임이다. 그래서 장로들은 주중이 어려우면 주일만이라도 교인들을 만나고 돌보는 일을 해야 한다. 특히 주일에 저녁예배가 아니라 오후에 찬양예배로 드리는 교회의 경우 성도들이 집으로 돌아가 가족과의 시간을 보내게 하는 것도 중요하지만 주일오후에 장로들이 성도들과 교제를 갖고 영적으로 도와주는 일도 참으로 중요하고 유익할 것이다. 또 성도들이 주일 오후예배를 드리고 일찍 집으로 돌아가서 하는 일이란 신앙적 가족 행사라든가 주일을 거룩하게 지키기 위한 노력보다는 TV나 시청하고 젊은 사람들은 컴퓨터나 게임기로 시간을 보낼 것이다. 그러니 장로들이 적극적으로 주일 오후를 성도들과의 교제 시간으로 활용하는 것이 성도들을 영적으로 지도함에 참으로 좋을 것이다. 어떤 방법으로든 장로들이 성도들의 영성생활을 도와주고 그들의 신앙을 이끌어 가는 기능을 할 수 있어야 한다.

물론 이 목양의 마음은 성도들뿐 아니라 목양을 함께하는 목사에게도 주어질 수 있는 배려이면 더욱 더 좋다. 사실 목사도 돌봄을 받아야하고 위로가 필요하기 때문이다. 목사가 마음에 평안을 누리고 지치지 않게 하는 것도 성도들과 교회를 돌보는 또 하나의 중요한 일이다. 따라서 장로들이 목사를 대립 구조로 생각한다거나 무조건 존경하고 섬기기만 할 것이 아니라 목사도 자신들의 돌봄의 대상이라는 생각의 전환이 필요하다. 목사의 평안이 교회의 평안이고, 목사의 당당함이 교회의 당당함으로 이어지기 때문이다. 그래서 돌봄과 목양의 대상에 목사도 포함시키는 것이 좋은 섬김이 된다.

필자도 시무 중에 이런 돌봄을 받은 경험이 있다. 필자가 선교 관계로 동남아를 다녀오는 등 여러 가지 겹친 일로 피로가 쌓이고 감기 몸살과 기침으로 힘들어할 때다. 교회 선임 장로 두 분이 당회장실로 찾아오셔서 나에게 이런 제안을 하셨다.

"목사님, 좀 쉬셔야 할 것 같습니다. 한 주라도 좀 편히 쉬고 오십시오." 계속하여 "목사님, 목사 아닌 것처럼 쉬고 오십시오." 그리고 설명을 하셨다. "쉰다고 하시면서 기도원에 가시지 말고 새벽기도도 하시지 말고 그냥 마음껏 가고 싶은 데 가고, 놀고 싶은 데서 놀고, 먹고 싶은 것 먹고, 자고 싶을 때 자고, 마치 목사 아닌 것처럼 좀 편히 쉬고 오십시오."

그리고는 나에게는 거금이라고 할 수 있는 돈 봉투를 내밀면서 쉼을 권유하셨다. "목사 아닌 것처럼…." 난 이 말에 담긴 그 장로님의 진심어린 마음, 쉬고 오라는 것이 단순히 인사치레가 아닌 목사에 대한 염려와 사랑이 담겨 있음을 순간적으로 직감하며 정말 감동을 받았다. 목사를 진정으로 위로하고 도우려는 장로님의 진정성을 느꼈다. 사실 그 말 한마디에 난 이미 피로가 다 풀리고 교회에 대한 애착이 더 커져서 마음속으로 내가 이 교회와 이분들을 위하여 생명을 바쳐도 아깝지 않겠다는 확신이 왔다. 정말 장로님의 말 한마디, 진정성이 담겨 있는 목사에 대한 사랑의 마음으로 인해 교회를 함께 섬기는 동역자로서 큰 힘을 얻었다.

목사에게도 위로가 필요하고 격려가 필요하다. 목사도 나약한 사람이고 무리하면 피곤하고 비난하면 상처입고 칭찬하면 힘이 나는 존재이다. 늘 당당한 것 같아 보여도 교회를 부흥시키고 성도들을 잘 돌보고 설교를 잘하고 성도들을 바로 세워야 한다는 엄청난 부담감, 하나님 앞에 늘 부족함으로 죄송한 마음을 가진 사람이 목사다. 이러한 목사를 도와주고 위로하고 격려하고 세워서 날개를 달아줄 사람이 바로 장로이다.

목사와 장로는 대립관계가 아니다. 견제하고 감독할 관계가 아니라 목사와 장로는 진정한 협력자가 되어야 한다. 장로가 교회를 잘 섬기는 최고의 방법은 목사를 격려하고 세워 주는 일이다. 일반적으로 장로가 목사보다 나이가 많고 인생 경험이 더 풍성하신 분들이다. 진정으로 목사를 위하여 격려하고 도와줄 수 있는 사람이 바로 장로이다. 이것 역시 장로의 중요한 목회 협력이고 직임일 것이다. 장로는 목사의 바짓가랑이를 붙잡고 발목을 잡을 것이 아니라 마치 모세의 손을 들어 아말렉과의 전쟁을 이기게 한 아론과 훌처럼 목사의 손을 들어 주고 힘을 실어 주는 것 역시 장로의 중요한 직임이다.

이와 같이 장로는 엄격한 규율과 원칙으로 교회를 치리해야 하지만 동시에 부모 같은 자상함으로 교인을 돌봐야 한다. 장로의 중요 임무가 바로 성도들을 돌보는 것이다. 때로는 성도들이 곁길로 갈 때 그 길을 바로 세우고 엄한 지도자로서 꾸중도 하고 징계도 해야 하지만, 한편으로는 자상하게 돌보는 영적 보호자가 되어서 성도들을 보살피는 일이 장로의 할 일이다. 그것이 돌보는 목양의 마음으로 장로직을 잘 감당하는 일일 것이다.

2) 부름 받은 사명자

사람들은 흔히 목회자만 부름 받은 하나님의 종으로 이해한다. 목회자만이 사명으로 사는 사람으로 착각한다. 그래서 장로를 비롯한 성도들은 자기 생각으로 자기 자신만을 위하여 한 주간 열심히 살다가 주일에 교회에 나와 예배만 잘 드리고 또 교회가 맡긴 일을 잘 거들기만 하면 되는 것으로 오해한다. 교회 사역 역시 목사를 도와주는 일 정도로 생각하여 헌신하여 섬기는 믿음의 삶을 자기 삶으로 생각하지 않는 경우가 많다. 자신의 사명이기보다는 목사의 사명을 도와주는 것 정도로 생각한다.

장로 역시 그렇다. 장로는 하나님이 세운 직임이다. 장로의 권한도, 장로의 의무도 하나님께로부터 주어졌다. 국가는 국민의 대표가 전권을 가진다. 권력이 국민으로부터 나온다. 그러나 교회는 교인으로부터 나오는 권력이나 사명을 받는 것이 아니다. 장로의 권한이나 의무는 교인들이 맡긴 것이 아니라 하나님으로부터 받은 것이다. 그러므로 장로의 직임은 권력 행사가 아니라 하나님의 명령에 대한 순종이다. 물론 교회는 성도들의 공동체이므로 장로 역시 교회공동체의 법 안에서 권리와 의무가 행사되어야만 하고, 당회라는 조직과 제도를 통하여 권리와 의무가 수행되어야 한다. 또 당회는 교회의 입법, 사법, 행정의 권한을 다 가졌지만 자신들의 뜻이나 목적이 아니라 언제나 하나님의 뜻과 목적에 순종해야 한다. 장로는 그 의무뿐 아니라 권한 역시 하나님께 대한 순종으로 행사되어야 한다. 장로 역시 하나님께 부름 받아 하나님의 뜻을 이루기 위하여 세워진 사명자라는 것을 명심해야 한다.

그래서 장로직의 수행에서 참으로 중요한 것은 소명의식이고 사명감이다. 장로 역시 하나님의 종이다. 목사와 다른 것은 헌법상의 기능의 차이일 뿐이지 소명이나 사명에서 차이가 있는 것은 아니다. 장로가 하나님께서 축복으로 주신 존귀한 직임임에도 불구하고 자신의 소명으로서의 사명을 감당하지 못하여 교회나 하나님께 폐를 끼친다면 불행한 일이다.

목회자 코칭이나 상담에서 목회자들로부터 "장로 때문에 목회가 너무 힘들다"는 말을 자주 듣는다. 장로가 동역자가 아니라 감독이 되고 장로의 직임이 목회자의 견제에 있다고 생각하는 장로가 있다는 말이다. 그래서 "장로 없는 목회"를 희망하여 교회를 개척하는 목사들 중에는 장로를 안 세우려고 애를 쓰는 경우도 간혹 본다. 또한 조직교회가 되기 위하여 세우기는 하지만 장로에게 교회에서의 정당한 역할을 인정하지 않고 목사가 독선적 태도를 취하는 경우도 있다. 그래서 장로 임직 때 많은 장로를 세워서 목회가 날개를 달게 되었다는 축하를 전혀 다르게 받아들이는 목회자도 있다. 협력해야 할 가장 좋은 동역자인 장로가 가시가 되고 걸림돌이 된다고 생각하는 목사가 있고 실제로 그런 사례도 있다. 목사의 몰이해도 문제이고 그렇게 보인 장로들 역시 그 책임에서 자유롭지 못할 것이다. 장로직을 교인들이 허락한 권력으로 인식하거나 목사를 통제하기 위한 수단으로 사용하는 잘못된 선례를 보여준 분들에게도 책임이 있다.

장로도 소명자이고 목회를 도울 사명이 있다는 것을 깨닫지 못하거나 장로로서의 정체성과 교회에서의 역할을 잘못 알고 있기 때문에 오는 부작용도 있을 수 있다. 장로가 분명히 기억해야 하는 것은 장로 역시 소명이고 그 소명에 대한 응답으로 사명을 잘 감당해야 한다는 사실이다.

장로는 늘 자신을 세워 장로를 삼으신 하나님의 부르심에 응답하여 좋은 직임을 어떻게 잘 사용하고 목회에 어떻게 협력하고 자신을 부르신 하나님의 소명에 어떻게 응답하는 삶을 살아야 하는가에 대하여 깊이 생각하여 충성된 사명자로 응답하는 삶을 사는 행복한 장로로 섬길 수 있어야 한다.

3) 사역자

장로의 직임은 교회 정치만을 위한 직임이 아니다. 장로 역시 교회와 성도를 섬기는 사역자이다. 사역을 지휘 감독하는 직분이 아니라 사역을 담당해야 하는 직분이라는 말이다. 교단 헌법은 장로를 교회 직원으로 분류한다(헌법 정치 4장 21-23조). 치리나 권징 역시 정치 행위로서가 아니라 목양 사역의 한 방법으로 이해하여야 한다. 그래서 장로의 역할이 교회를 이끌어 가는 사역이지 정치만이 아니라는 것을 알아야 한다. 장로가 되면 교회를 다스리는 권한을 가지는 것만으로 이해하기 쉬우나 다스림이기보다는 섬긴다는 표현이 더 정확한 표현이다.

이는 장로만이 아니라 교회 모든 직임이 다 같은 취지이다. 흔히들 목사만이 사역자이고 다른 직임들, 특히 장로는 교회를 다스리고 감독하는 직임으로 생각해서 자신이 사역자가 아니라 사역을 감독하는 자로 오해하는 경우가 많다. 장로 역시 하나님으로부터 받은 소명을 따라 교회를 세워 나가는 사역자라는 본질적 직임을 잊어서는 안 된다. 따라서 교회를 섬기는 태도나 방법이 정치역학이 아니라 섬김을 전제로 해야 한다.

장로는 겸손히 하나님의 뜻, 성경 원리 그리고 담임목사의 목회 철학을 충분히 이해하고 동료 장로들과 협력하여 교회를 섬기는 하나님의 종의 의식으로 교회를 돌보고 성도들을 이끌고 사역을 감당해야 한다. 무슨 일이든 정치적인 이해를 따라 결정하고 운영하지 말고 신앙적인 논리를 따라 겸손히 자신의 담당 사역을 감당해야 한다.

장로의 섬김과 사역 그리고 말과 행동은 어떤 이해관계가 아니라 하나님의 뜻, 성경의 원리가 그 기준이다. 그래서 장로는 언제나 자신은 하나님의 교회를 위하여 부름 받은 교회의 사역자라는 의식을 잊지 말아야 한다. 언제나 그렇듯이 장로의 능력은 기능만이 아니라 먼저 바른 사역자로서의 의식이 있어야 하고 하나님을 향한 바른 태도를 가져야 한다. 인간적인 자기 능력으로 사역에 임하기보다는 하나님의 종으로, 부름 받은 사역자로 교회를 섬기는 청지기 의식으로 맡은 바 사명을 겸손히 감당하는 교회의 사역자로 서야 한다.

그 사역을 잘 감당하기 위해서는 진정성 있는 청지기 의식을 가져야 한다. 사역이 온전해지기 위해서는 사역자 자신의 내적인 확신과 외적인 권위가 필요하다. 먼저는 자기 확신이고, 다음은 동역자나 사역의 대상자로부터 인정을 받아야 한다. 교회 사역자의 사역을 가능하게 하는 것은 신뢰이기 때문이다. 자기 확신이 없이는 당당할 수 없고 당당할 수 없으면 사역이 어렵다. 또 동역자나 사역의 대상 역시 그의 진정성을 신뢰할 수 없고 진정성이 없는 사역자의 사역의 열매를 기대할 수는 없다.

세계적으로 존경받는 설교자이며 신학자인 "워렌 워어스비"는 그의 책 『건강한 사역자입니까』(도서출판 디모데, 2009)에서 사역자의 자기 진단을 위한 체크 포인트 10가지를 말하면서 첫 번째로 인격이 그 기초라고 했다. 그 기초 위에 섬김과 사랑, 희생과 복종 등의 덕목을 가져야 한다고 했다. 인격에 대하여 신뢰받지 못한 사역자는 다른 면에서 아무리 유능해도 온전한 사역자가 될 수 없다. 특히 교회 사역은 기술적인 유능함보다 진정성이 인정되는 신뢰가 전제되어야 한다. 존경받지 못하고 사역자로시의 권위를 인정받지 못한다면 사역이 불가능하다. 그 권위는 신뢰에서 나온다. 장로는 자신이 사역자이고 사역자로서의 신뢰를 받아야 한다. 진정성이 사역의 가장 큰 능력이다.

4) 교회의 지체

사도 바울은 교회를 몸에 비유한다. 예수님을 머리로 한 그리스도의 몸으로서의 교회를 말한다. 모든 성도는 몸을 이루는 지체라고 한다. 그래서 지체로서의 성도들이 그리스도의 몸을 온전하게 한다고 말한다.

교회는 그리스도의 몸이고 성도들은 그리스도의 몸인 교회에 붙어 있는 지체이다. 이는 곧 그리스도를 머리로 한 그리스도의 몸인 교회는 그 몸에 달린 성도들의 온전함으로 온전하게 세워진다는 말이다. 아무리 머리가 온전해도 몸에 붙어 있는 지체가 온전하지 못할 때 온전한 몸이 못된다. 몸은 지체의 온전함으로 온전해질 수 있다. 어느 지체 하나라도 고장이 나거나 훼손되면 그 몸 전체가 장애인이 된다. 따라서 모든 지체가 다 중요하고 몸을 온전하게 하는 데 필요하다.

장로 역시 교회의 몸이 아니고 지체이다. 장로는 교회를 이끌어 가고 교회를 치리하고 권징을 관리하지만 그것 역시 교회 지체로서의 장로가 가진 기능일 뿐이다. 그래서 장로는 책임을 져야 할 때는 주인 의식으로, 일을 할 때는 종의 의식으로 섬겨야 한다. 교회만이 그리스도의 몸이다.

목사나 장로가 교회의 주인이라는 잘못된 의식으로 인해 교회를 어렵게 하는 경우가 종종 있다. 교회에서 주인 노릇하려는 장로들의 착각이 교회를 어렵게 한 사례들이 심심찮게 나타나고 있음은 유감이다. 목사나 장로가 교회의 머리가 되려는 지나친 주인 의식 때문에 교인들을 다스리고 치리할 때 교만함이 묻어 나오게 된다. 목사나 장로는 온 성도들과 더불어 그리스도의 몸인 교회를 온전하게 세워가는 지체이지 교회의 머리도, 교회의 몸도 아니다. 장로는 교회에서 섬기기 위한 기능일 뿐이지 교회에서의 계급이 아니다. 주인 의식을 가지고 교회를 섬겨야 하지만 동시에 교회의 여러 지체 중 하나라는 사실을 명심해야 한다. 그리고 지체이기에 다른 지체와 더불어 그리스도의 몸을 온전하게 세워가야 한다. 장로 역시 다른 지체를 통하여 온전해질 수 있다. 장로가 교회의 온전한 지체가 되어야 다른 지체들을 온전하게 할 수 있다. 다른 지체와 하나 되고 연합하고 상호 의존함으로 온전한 그리스도의 몸을 이루어 가야 한다.

5) 봉사자

장로직은 직업이 아니라 봉사직이다. 봉사는 대가 없는 섬김이다. 장로는 생존 수단이 아니라 봉사를 위한 직임일 뿐이다. 교회 봉사를 직업으로 생각하면 안 된다. 봉사는 대가 없이 해야 한다. 봉사는 남을 위해 자신을 바치는 것이기 때문이다.

봉사는 강요에 의해서, 또는 남의 이목이 두려워서 억지로 하는 것이 아니다. 또 다른 반사이익이나 대가 그리고 칭찬을 바라고 존재감을 높이기 위한 세상적 욕심으로 하는 일이 아니라 순수한 자기 헌신, 자발적인 수고여야 한다. 죽도록 충성하고도 늘 부족하다는 생각으로 하는 것이 봉사다. 공로를 인정받고 물질이든 칭찬이든 명예든지 상응하는 대가를 기대하는 것은 참된 봉사가 아니다. 남의 눈치 때문에 억지로 하는 것 역시 봉사라고 할 수 없다. 봉사의 가치는 순수함에 있고 사심 없는 봉사가 빛을 발한다.

또한 장로직이 봉사직이기에 자신의 생업을 위한 별도의 노력이 필요하다. 만일 장로가 목사처럼 교회만 섬기고 교회에서 육신의 만족까지 얻으려 한다면 그건 교회나 목사에게 유익보다는 짐이 될 위험이 크다. 장로는 교회의 어른이기 때문에 장로가 교회에 오래 머물러 있으면 교회 직원들이나 교역자들을 불편하게 할 수도 있다. 직업 없는 장로들이 별 일도 없이 교회에 머물러 교회 봉사라는 명분으로 쓸데없는 간섭이나 참견을 한다면 그건 봉사가 아니라 부담을 주는 일이다.

자신의 삶과 직업에 충실하고 엿새 동안 힘써 일하는 장로가 더 존경받을 수 있다. 교회 사역을 핑계로 직장 상사나 동료들을 속이고 교회에 머물며 불필요한 간섭으로 자신의 존재감을 높이려 한다면 그건 참된 봉사자의 태도가 아니다. 그래서 장로는 자신의 직업에도 충실해야 하고 자신의 일에 전문가가 되어야 한다. 그럴 때 진정성 있는 봉사자가 될 수 있다. 자신의 생업을 위하여 힘써 일하고 주일을 참된 안식일로 지키며 교회를 돌아보고 성도들을 섬기는 장로가 존경받을 수 있다.

봉사자의 중요한 덕목은 겸손한 섬김이다. 장로라고 해서 모든 일을 다 잘하고 무엇이나 다 잘 아는 것은 아니다. 또 다 잘해야 하고 다 잘 알아야만 하는 것도 아니다. 다 잘하고 다 잘 알면 좋겠지만 그런 사람만 장로가 될 수 있는 것이 아니다. 그래서 봉사자로서의 장로의 중요한 덕목이 겸손이다. 배우는 자세로 나보다 남을 낮게 여기며 겸손히 자기 일에 헌신해야 한다.

몇 년 전 장로도 배우는 학생의 자세로 교회를 섬기고 치리를 해야 한다고 발언한 목사가 곤욕을 치른 적이 있다. 그렇지만 장로도 겸손히 배워야 하고 교회에 자신보다 더 유능하고 더 잘 아는 성도들이 있음을 겸손히 인정해야 한다. 장로는 만능이 되어야 한다는 생각 또한 하나의 교만일 수 있다. 장로도 진리의 말씀을 옳게 분별하며 부끄러울 것이 없는 일꾼으로 인정된 자로 자신을 하나님 앞에 드려야 한다(딤후 2:15). 그것이 봉사자로서 장로의 바른 태도이다. 그래서 장로는 교회 섬김이 직업이 아니라 대가를 기대하지 않는 순수한 봉사여야 한다. 열심 있는 충성된 장로일수록 봉사의 순수성을 잃지 않도록 조심하여야 한다. 주의할 것은 봉사를 권리로 알지 말아야 한다는 것이다. 그래서 봉사도 독점하지 않아야 한다. 함께하는 봉사가 더욱 더 아름답다. 봉사가 섬기는 것임을 명심할 때 남의 봉사도 인정해 주고 봉사도 함께 할 수 있어야 한다. 죽도록 충성하고도 부족한 줄 아는 겸허한 마음의 봉사가 중요하다.

5

장로로서 사는 삶

　세상에는 많은 직분과 직임이 있다. 교회공동체도 마찬가지이다. 사람의 지위와 직임은 그 사람의 삶의 목적과 방식을 결정하는 주요 요인이기도 하다. 그리고 그 직임과 지위는 그에 걸맞은 삶이 요구되기도 한다. 장로 직임 역시 그렇다.

　교회에서의 장로의 직분은 참으로 영광스러운 귀한 직분이다. 장로는 하나님의 선택을 받고 부름을 받아 특별한 소명으로 주어진 직분일 뿐 아니라 절대 다수 성도들의 선택을 받고 복음과 사도적 전통과 교회의 권위로 부여된 기름 부음 받은 교회의 지도자요, 교회의 치리와 권징 그리고 성도들의 신령상의 형편을 살피고 그들의 영적 삶을 이끌어 가는 영적 직분이다.

　뿐만 아니라 교회가 구조적으로 교회 되게 하는, 교회를 구성하는 기둥이 되는 직분이 장로직이다. 교회는 장로라는 기둥으로 세워진다는 말이기도 하다. 그래서 장로교단 헌법에 의하면 장로가 있어서 당회가 구성된 교회를 "조직교회"로, 장로가 없어서 당회가 구성되지 못한 교회를 "미조직교회"로 분류하고 있다.

미조직교회란 아직 교회라는 공동체 조직이 완성되지 못한 교회를 말한다. 장로가 없어서 아직 교회의 기능을 다 할 수 없는 교회다. 다른 말로 하면 장로가 없는 교회란 아직 완성되지 못한 교회라는 의미이다. 장로가 있어야 교회가 교회 노릇을 한다. 장로가 없어서 당회가 구성되지 못한 미조직교회일 경우 목사를 "위임목사"로 모실 수 없다. 위임목사는 안정적으로 목회할 수 있도록 교회 목회 전반을 위임받은 목사이다. 장로가 없는 교회에서는 유능한 목사도 안정적으로 목회할 수 없다는 의미이기도 하다. 그래서 아무리 유능한 목사일지라도 임시로 시무하는 "담임목사"로밖에 목회할 수 없고, 따라서 목사도, 교회도 안정되게 사명을 감당할 수 없게 된다.

또한 미조직교회는 치리와 권징을 바로 할 수 없는 교회이다. 교회의 치리와 권징, 예배와 예식 그리고 성례를 집행하는 일을 맡은 자가 장로이고, 또 온 성도들의 영적 지도자가 장로이다. 그래서 장로의 직임이야말로 그리스도의 몸 된 교회의 중추적인 역할을 하는 직임이요, 영광스러운 직임이다. 장로는 단순히 교회의 여러 직분 중 하나가 아니라 교회를 구성하는 기둥이 되는 직분이다. 교회를 온전하게 하고 온전히 세워 나가는 직임이다.

여기서 중요한 것은 장로가 그 직분을 바로 잘 감당해야 한다는 것이다. 영적 나실인이라고 할 수 있는 장로직은 세상의 다른 권력이나 직분과는 다르게 권리보다는 의무가 더 많고 희생과 헌신이 요구되는 거룩한 직임이다. 때로는 수고에 대한 현실적인 보상보다는 헌신만 강조되는 직임이기도 하다. 특히 교회가 평안하지 못하거나 재정적으로 어려운 소규모 교회의 장로일 경우 그에게 주어진 짐은 때로 과중하고 힘든 경우도 얼마든지 있다.

최근 분란으로 인해 교인들의 마음이 상하고 편당이 생겨서 목사님이 강제로 퇴임하는 등 어려움을 당한 교회의 장로의 고뇌를 들은 일이 있다. 목사님의 퇴임 문제, 새로 담임목사를 모시는 문제, 그 중에서도 상처받은 성도들을 보살피고 교회를 안정시키기 위하여 심각한 어려움과 고뇌를 안고 있다고 했다.

사실 교회가 흥왕할 때는 거의 모든 영광을 목사가 받지만 교회가 어려울 때는 거의 모든 비난과 영적, 정신적 고통을 받는 대상이 장로이다. 교회가 부흥하고 흥왕하면 목사가 칭찬을 듣지만 교회가 어려울 경우는 장로가 비난을 받는다. 교회가 부흥된다고 해서 장로가 잘해서 그렇다고 생각하는 교인들은 거의 없다. 모든 영광의 칭송은 목사에게 돌아간다. 그러나 어려움을 당하면 그 책임의 상당부분이 장로에게 돌아간다. 공로는 목사에게 돌아가고 책임과 비난은 장로가 받아야 하는 것이 현실 교회의 구조이다.

그래서 장로직은 자신의 모든 것을 드리는 헌신을 전제로 한다. 이러한 이유로 필자는 장로 임직식 때 축사보다는 격려와 위로를 더 많이 한다.

1) 하나님께 드려진 삶(헌신된 종)

위에서 언급한 것처럼 장로직은 자신을 하나님께 드린 헌신된 직분이다. 하나님의 부름을 받아서 하나님께 헌신되어 죽도록 충성하기로 서원한 사람이 장로다. 따라서 장로는 실제로 자신의 모든 것을 드려야 한다. 자신의 소유나 재능은 물론 자신의 생명조차 하나님께 드려야 하고, 또 그를 장로로 부르신 부르심에 합당하게 행해야 하고 그렇게 살아야 한다. 그러므로 장로의 삶은 자신을 위한 삶이 아니라 하나님의 영광을 위하여 사는 삶이며 소유나 능력 역시 자신의 필요를 위한 것이 아니라 하나님의 영광을 위한 것이다. 자신의 인생은 없고 하나님께 드려진 삶, 바쳐진 삶, 하나님의 뜻을 이루기 위한 삶이다. 나는 없고 하나님만 있는 삶이다.

만일 자신의 장로 됨을 신분의 상승이나 교회 권력의 확보로 생각한다면 그야말로 엄청난 착각이다. 교회 치리나 권징 역시 책임이나 의무이지 권력이 아니다. 하나님께 대한 순종으로 교회를 섬기는 헌신이지 무슨 권리 행사가 아니라는 말이다. 그래서 장로의 삶은 일반적으로 아래와 같은 삶임을 기억하고 겸손히 자신을 드려서 장로직을 감당해야 한다.

(1) 생존을 위한 삶보다는 사명을 위한 삶을 살아라

장로의 삶은 자기 생존을 위한 삶이 아니라 사명을 위한 삶이다. "우리가 살아도 주를 위하여 살고 죽어도 주를 위하여 죽나니 그러므로 사나 죽으나 우리가 주의 것이로다"(롬14:8)라고 말한 바울의 교훈을 기억할 필요가 있다. "내가 사는 것이 아니요 오직 내 안에 그리스도께서 사시는 것이라 이제 내가 육체 가운데 사는 것은 나를 사랑하사 나를 위하여 자기 자신을 버리신 하나님의 아들을 믿는 믿음 안에서 사는 것이라"(갈 2:20b)는 바울의 고백 역시 장로의 고백이 되어야 한다. 그러므로 장로가 된다는 말은 참으로 엄청난 헌신이고 삶의 목적과 방법을 고친다는 말이다. 생존을 위한 삶과 사명을 위한 삶은 자신의 인생을 바꾸는 결단으로 가능하다. 삶의 목적과 방법을 바꾼다는 말이다. 먹고 입고 애쓰는 이유가 달라진다는 것이다.

사실 이것은 우리 삶을 향한 하나님의 관심도 달라진다는 것을 의미한다. 그리고 생존이 아니라 사명을 위한 삶은 장로뿐 아니라 모든 그리스도인, 피로 값 주고 산 하나님의 자녀들의 삶이기도 하다. 그래서 하나님께서는 우리의 삶에서도 생존보다는 사명에 관심을 가지신다. 성경 인물 기록을 보면 우리는 예외 없이 아주 중요한 사실을 발견한다. 성경 인물들의 일생의 기록에서 그들이 자신의 생존만을 위해 살았던 삶에 대해서는 철저히 침묵하고 있고, 사명을 위한 삶에 대하여는 실수나 부족까지도 기록하고 있다는 점이다.

예를 들면, 아브라함의 경우 성경은 아브람으로 살았던 삶에 대하여는 철저히 침묵한다. 그도 태어나서 어린 시절을 보냈고 성장과정에서 여러 일들이 있었고 생존을 위하여 배우고 익힌 삶의 방법과 그가 부름 받을 70세까지의 삶의 역사가 있을 것이지만 성경에는 그런 생존을 위해 살았던 삶에 대한 기록은 없다. 그익 능력도, 소유도, 그가 쌓아 놓은 삶의 공로에 대하여도 철저히 침묵한다.

그러나 그가 70세에 하나님의 부르심을 받아 갈대아 우르를 떠나 하나님이 지시하신 땅으로 가서 사명을 따라 살아간 그의 삶의 역사는 인간적인 실수조차도 가감 없이 다 기록하고 있다. 애굽과 바로 앞에서 자기 아내 사래를 누이라고 속였다가 당한 곤욕을 비롯해서 하나님의 역사를 참고 기다리지 못하고 하갈을 취한 부끄러운 역사까지 다 기록하고 있다. 생존만을 위해 살았던 그의 70년에는 하나님이 관심이 없으셨지만 하나님의 부르심을 받아 사명으로 살았던 그의 삶에 대하여는 하나님께서 지극히 큰 관심을 가지셨다는 말이다. 아무리 성공적으로 풍성하게 잘 살았어도 자기 생존만을 위한 삶은 하나님의 관심 밖이었다는 증거이다.

모세의 삶의 기록 역시 그렇다. 그의 출생에 관한 짧은 기록이 있기는 하지만 그건 그의 사명을 위한 삶을 설명하기 위함이었을 뿐 그의 성장에 관한 기록, 그가 어떻게 자랐고 어떤 공부를 했고 어떤 특기나 능력이 있었는지에 대한 기록은 없다. 그의 궁중에서 받은 교육과 기술도 아무런 기록이 없다. 당시 지배 계급이 받고 누렸던 특권에 관한 기록도 없고, 특히 그가 궁중에서 받은 통치 훈련에 관한 기록도 없다.

또한 그가 미디안 광야로 도망가서 장인 이드로의 양 떼를 치던 40년의 삶에 대해서도 아무 기록이 없다. 다만 떨기나무 불꽃 가운데 찾아오신 하나님 앞에 신발을 벗은 후의 삶만 자세히 기록되어 있다. 물론 성경은 그의 실수조차 놓치지 않고 기록하고 있다. 이유는 간단하다. 하나님께서는 그의 생존을 위한 삶에는 관심이 없으셨고 또 우리에게 줄 교훈도 없다는 것이다.

그건 베드로를 비롯한 신약의 모든 인물들도 예외가 없다. 베드로가 어부 시몬으로 살았던 기록은 성경에 없다. 그도 결혼을 했고(마태복음 8장 14절을 보면 그의 장모 이야기가 나온다) 어부로 살았지만 그의 가족 이야기나 어부로서의 능력 또는 그가 이루었던 부와 소유 등 그가 시몬으로 살았던 삶에 대하여는 기록이 없다. 그의 기록은 주님의 부름을 받아 베드로로 살았던 삶에 대한 기록만 있다. 주님을 부인하고 실수하고 실패한 내용까지도 상세히 기록되어 있다.

하나님께서는 그의 생존을 위한 삶의 기간이 얼마인지, 얼마나 많은 일들이 있었는지에 대하여는 관심을 두지 않으신다. 다만 그의 사명을 위한 삶만이 하나님의 관심사였다. 바울 역시 그가 사울로 살았던 삶의 기록은 없다. 그가 길리기아 다소에서 태어나서 가말리엘 문하에서 어떤 공부를 얼마나 했고 율법에 대하여 얼마나 정통하고 얼마나 많은 일을 했는지, 출세와 성공을 위해 달려왔던 그의 사울로서의 삶에 대하여는 기록이 없다. 그나마 있는 기록 역시 바울로 살아가는 삶에 대한 배경 설명일 뿐이다. 그러나 그가 부름 받아 바울로 살았던 삶에 대하여는 그의 모든 삶을 상세히 기록하고 있다. 사람의 삶의 가치는 생존만을 위한 삶이 아니라 사명을 위한 삶에서 나타나고, 하나님께서 인정하는 삶 역시 생존을 위한 삶이 아니라 사명을 위한 삶인 것을 미루어 짐작할 수 있다. 이는 우리가 이 땅에서 어떻게 살아야 할 것인가에 대한 중요한 교훈이기도 하다.

참으로 중요한 것은 몇 년을 살았는가보다는 무엇을 했는가가 더 중요하고, 얼마나 많은 일을 했는가보다는 사명을 위해 무엇을 했는가가 더 중요하다. 그래서 사람의 삶은 그의 사명 감당으로 평가를 받는다.

장로 역시 몇 년을 장로로 살았는가보다는 그 장로의 직임을 통하여 무엇을 했는가가 중요하다. 장로가 된 것을 단순히 자신의 신분 상승이나 교회 권력의 획득으로 생각하거나 장로직을 자기 생존의 수단으로 생각한다면 그건 이미 하나님의 관심 밖이고 하나님과 무관하다는 것을 기억할 필요가 있다. 장로는 사명으로 주어지는 직분이지 생존 수단으로 주어지는 것이 아니다.

(2) 생존의 수단을 사명의 수단으로 사용하라

장로로서의 삶은 자신의 생존 수단 역시 사명의 수단으로 사용해야 한다. 장로 역시 생존을 위한 자기 직업이나 일이 있어야 하고 또 일을 해야 한다. 장로가 교회를 치리하고 이끌어 가는 직임이지만 그것이 생활 수단은 아니기 때문에 교회를 섬기고 가정을 이끌고 사회에 공헌하기 위하여 생존의 수단이 있어야 한다.

교회를 위한 장로의 봉사는 때로는 물질적 봉사를 필요로 한다. 물질적으로도 장로는 교인들의 모범이 되어야 하고, 교회의 운영과 유지, 선교와 사역을 감당하기 위해서 필요한 많은 물질의 상당부분을 장로가 부담하여야 한다. 물질생활에서도, 교회 섬김에 있어서도 장로는 교인들의 모범이 되어야 한다. 실제로 교회의 중요 문제, 특히 교회가 어려움을 당할 경우 그 일차적 책임을 장로가 져야 한다. 권한에 상응하는 책임이 장로에게 있다는 것이다. 그러므로 장로는 영적, 신앙적인 능력은 물론 물질적인 능력도 필요하다.

필자의 경험으로는 장로도 건강한 직업인일 때, 사회생활에서 당당할 수 있을 때 장로의 역할도 잘 감당할 수 있다. 그래서 장로는 생존뿐 아니라 역할을 잘 감당하기 위해서도 건강한 직업을 가져야 하며 사회적 활동이 원활해야 한다. 존경받는 장로는 존경받는 사회인이어야 하고, 사회적 책임이나 역할을 잘 감당하는 사람이 교회에서 장로의 역할도 잘 감당할 수 있다.

여기서 중요한 것은 장로는 그 직업조차도 생존만을 위한 수단만이 아니라 사명을 위한 수단이 되어야 한다는 것이다. 때로는 사명을 위하여 직업을, 생존 수단을 포기해야 할 경우도 생긴다. 그래서 장로는 생존 수단을 사명을 위한 수단으로 사용하고 생존 현장에서의 그의 역할을 사역의 기회로 삼아서 삶의 현장을 사역의 현장이 되게 해야 한다.

생존 그 자체를 위한 삶이란 실제로 의미 없는 삶이고 그것은 동물적 삶으로 전락될 위험이 있다. 생존 그 자체만으로는 의미를 부여할 수 없기 때문이다. 직업이 중요하지만 그것은 삶을 위한, 사명 감당을 위한 수단이지 목적이 아니다. 모든 사람이 그렇지만 특히 장로는 삶의 목적을 위해 살아야지 생존 자체에 의미를 부여해서는 안 된다. 그래서 생존을 위한 모든 노력은 사명을 위한 삶을 준비하는 삶이라고 할 수 있다.

장로가 되기까지의 태어나서 성장하는 모든 기간의 삶, 즉 몸과 마음을 건강하게 세우고 공부하고 경력을 쌓고 지도력을 함양하는 시간들은 장로의 사명을 잘 감당하기 위한 준비기간으로 봐도 틀린 말은 아니다. 그것은 장로뿐 아니라 모든 사람의 삶이 그렇다. 성장하는 기간의 모든 삶, 경력을 쌓고 삶의 능력을 함양하는 모든 노력, 소유를 늘이는 모든 일들은 그것을 사용하기 위한 준비 작업일 뿐이다. 사람이 어떤 중요한 직임을 맡고 어떤 중요한 자리를 얻는 것 역시 그 지위나 자리를 통하여 해야 할 일들을 위함이다. 어느 자리에서 어떤 직함을 갖느냐가 중요한 것이 아니라 그 자리에서 무엇을 하는가가 중요하다. 자리만 차지하는 것으로 끝난다면 그것이야말로 무의미한 것이고 자리를 욕되게 하는 것이다.

장로도 평생 동안 돈을 모으고 실력을 쌓고 능력을 극대화했다고 해도 그것보다 중요한 것은 그 소유와 능력으로 무엇을 했는가이다. 그가 가진 것으로 어떤 사명을 이루었는가가 중요하다. 모으는 것은 쓰기 위함이지 모으는 것 자체에 의미가 있는 것은 아니다. 그래서 사명을 위해 사용하기 이전의 모든 것은 단지 준비과정일 뿐이다.

예수님의 삶 역시 그랬다. 그가 사셨던 30년간의 목수로서의 삶은 3년간의 공생애를 준비하기 위한 삶이었다. 예수님의 삶조차도 준비로 보낸 30년의 삶에 대한 기록은 없다. 어떤 준비를 얼마나 했는가는 중요하지 않기 때문이다. 그래서 예수님의 삶 역시 준비한 30년의 삶보다는 사명을 위한 3년간의 공생애가 중요하다.

예수님은 베드로를 향하여 고기를 잡는 어부로서의 삶을 청산하고 "사람을 낚는 어부가 되라"고 하셨다. 베드로는 그 부르심에 응답함으로 사명의 삶을 살게 되었다. 생존의 수단을 사명의 수단으로 삼는다는 말은 구체적으로 무엇을 의미하는가? 그것은 베드로처럼 기존의 직업이나 생존 수단을 다 포기하고 사명을 위해 살아가라는 의미만은 아니다. 물론 삶 자체를 구별하여 드림으로 사명의 삶을 사는 경우도 있다. 기름 부어 세운 구별된 삶을 살아야 하는 경우도 있다. 오늘날 목회자의 삶이 그렇다.

그러나 장로의 경우 생존의 현장을 사명의 현장으로 바꾸라는 의미는 생존의 수단의 종류를 바꾸라거나 생존의 현장을 바꾸라는 말이 아니라 생존 그 자체의 일일지라도 그 일을 하는 마음가짐과 태도의 변화, 목적의 변화를 의미한다. 방법보다 목적의 변화를 의미한다고 할 수 있다. 목적의 변화는 때로 방법의 변화까지를 필요로 할 수 있지만 그것이 꼭 일의 종류나 일의 장소의 변화를 말하는 것은 아니다.

실제로 거룩한 일이란 일의 장소나 종류에 따라 결정되는 것이 아니라 일하는 마음가짐과 태도와 목적에 따라 결정된다. 교회에서 예수님의 이름을 앞세우고 하는 일일지라도 그 목적이 자기 영광이나 자기 권한의 확대, 자기 명예를 위한 일이라면 지극히 세속적인 일이 된다. 비록 산업 현장에서 작은 전자부품 하나를 조립하는 지극히 단순한 일일지라도 그것이 하나님의 영광을 목적으로 하는 일이라면 그것이 곧 거룩한 일이 될 수 있다. 마을 한 모퉁이에서 작은 구멍가게를 하더라도 지역 주민들에게 좋은 물건을 공급하며 그 자리를 복음 전도의 자리로 만들고 그 사업을 하나님의 영광을 위하여 한다면 그 구멍가게가 바로 사역과 사명의 현장이 되고 거룩한 자리, 거룩한 일이 될 수 있다. 거룩한 일이란 일의 종류나 일의 장소에 따라 결정되는 것이 아니라 일하는 사람의 마음가짐과 태도와 목적에 따라 결정되기 때문이다.

필자가 28년을 시무한 교회에 야간 경비를 담당하는 임시직 P 집사님이 있었다. 그분에게 주어진 일은 교역자와 관리·청소 직원들이 모두 퇴근한 야간에 교회 입구 작은 경비실에서 교회 출입자를 확인하고 교회를 경비하는 일을 담당하는 임시직이었다. 본래는 동네에서 장사를 하시던 분인데, 30여 년 전 교회 신축 시에 야적 건축자재를 지키기 위해 야간 경비원으로 들어오셨다가 너무나 성실하게 교회를 섬겨서 교회가 직원으로 채용을 했고, 교회를 경비하는 직임으로 정년을 훨씬 넘어 80세가 넘도록 그 일을 맡아 하고 계신다.

필자는 그분의 섬김과 헌신을 보면서 사명자로 산다는 것이 무엇을 의미하는지를 되묻곤 한다. 그분은 단지 자신이 맡은 교회 경비, 교회 출입자를 확인하는 일 정도가 아니라 교회 전반의 거의 모든 일에 다 참여하였고 헌신적으로 섬기셨다. 교회 강단 관리, 새벽예배 시 음향기기 조작, 각종 비품 관리, 청소, 그리고 화분 관리 등을 하셨다. 경비실에 앉아서 출입자 확인만 해도 자신의 임무를 다 하는 일인데 그는 자신이 "목사님과 함께 하나님의 교회를 섬긴다"는 자긍심과 기쁨을 가지고 일하셨다. 진심에서 우러나오는 섬김에 감동해서 교회는 그분이 거동이 불편하여 더 이상 활동이 어려울 때까지 모셨다.

그분은 단지 교회 경비를 하는 임시직원이었지만 그것이 목사와 함께 교회를 섬기는 그분의 사명이었고 하나님을 위한 헌신이었다. 생존의 수단으로서 교회 경비직으로 들어오신 분이었지만 그것을 사명의 수단으로 바꾸어 교회를 섬기시고 또 온 교인들의 존경을 받았다.

무슨 직책이냐, 무슨 직임이냐보다 더 중요한 것은 그 일을 어떤 마음가짐과 어떤 태도로 감당하느냐에 따라 일의 성속이 결정된다. 어떤 이는 사명의 수단을 생존의 수단으로 사용하는 이가 있고, 어떤 이는 생존의 수단을 사명의 수단으로 사용하는 이가 있다. 장로에게 있어서 가장 중요한 일은 그가 어떤 직업으로 어디서 어떤 일을 하든지 그것이 그의 사명의 수단이 되도록 살아야 한다. 장로는 어디서 무슨 일을 하든지 기름 부음 받은 하나님의 종이며 성별된 하나님의 사람이기 때문이다. 그런 태도를 가질 때 그는 생존의 현장을 사명의 현장으로, 생존의 수단을 사명의 수단으로 살아갈 수 있다.

만일 우리 사회에 지도력을 가진 장로들이 그들의 삶의 현장을 사명의 현장으로 만들어 갈 수 있다면 이 땅에 하나님의 나라가 속히 올 수 있을 것이다. 장로로서 이 나라의 정치를 담당하는 분들(여야 국회의원, 정부 지도자 등)이 생존의 수단을 사명의 수단으로 섬길 수 있다면, 이 땅에서 기업을 경영하고 사회 각종 지도력을 가진 분들이 그 일을 자신의 입신출세, 자신의 영광을 누리는 자리가 아니라 사명의 현장으로 섬길 수 있다면 이 나라의 역사는 달라질 것이다.

하나님의 일은 일의 종류나 장소에 따라 결정되지 않는다. 무슨 일이든 사명의 수단이 될 수 있다. 그 일을 사명으로 감당하여야 한다. 장로는 교회에서만이 아니라 모든 삶의 현장에서도 장로이며 성별된 하나님의 종이며 구별된 사명자이다. 정치든 경제든 사회든, 작은 일이든 큰일이든 사명으로 감당하여야 한다. 그것이 장로로서 살아가는 길이며 장로된 이유이며 장로의 직임이다.

(3) 마땅히 할 일을 하라

인간의 삶에서 참으로 중요한 것은 자신에게 주어진 시간, 곧 자신의 인생을 바로 사용하는 것이다. 자신의 소중한 인생을 낭비하는 것이야말로 가장 무서운 죄악일 것이다. 사람에게 시간은 무한정 주어지는 것이 아니다. 우리는 일정한 시간의 한계 안에 살아간다. 이 시간은 어느 누구도 그 길이를 스스로 결정할 수 없고 그 한계를 넘을 수 없다. 따라서 지혜로운 삶이란 자신에게 주어진 시간을 가장 잘 사용하는 삶이다. 세상에서 가장 귀한 자산은 시간일 것이다. 그래서 시간이 곧 인생이다. 따라서 시간의 낭비는 인생의 낭비라고 할 수 있다.

시간을 잘 사용한다는 말은 유한한 시간, 그 시간을 무엇을 위하여 사용하는가이다. 자신에게 주어진 인생을 자기 스스로의 결단과 행동으로 사용하지만 그 사용에 대한 책임은 자신이 져야 한다. 자신에게 주어진 많은 시간을 허송세월하고 낭비하다가 인생을 끝내는 사람이 있는가 하면, 소중한 자기 인생을 소중하게 사용하여 의미 있는 삶을 살 수도 있다.

그래서 시간 사용의 중요성은 누구에게나 강조되어야 할 일이지만 장로에게 있어서 시간 사용은 그 사명 수행에서 가장 우선적으로 고려되어야 할 사안이다. 이는 삶의 목적과도 관계가 있고 삶의 방법과도 관계가 있다. 그야말로 인생을 헛사는 실수를 범하지 않아야 한다. 우리가 말하는 "계획"이라는 것, 특히 인생 계획은 바로 시간 계획이다. 우리 인간은 이 땅에 존재하는 한 시간과 공간의 한계 안에 살게 되어 있고 하나님이 주신 우리의 삶은 언제나 이 시간과 공간 안에서 이루어지는 삶이다. 그래서 우리가 살아간다는 말은 곧 시간과 공간 안에서 존재함을 의미한다.

시간을 바로 사용하기 위하여 중요한 것은 철저한 계획이지만 그보다 더 중요한 것은 무엇을 위하여 시간을 사용하는가 하는 시간 사용의 목적이다. 많은 사람의 경우 쓸데없이 시간을 보내고 무용한 일을 위하여 시간을 낭비하고, 때로는 죄를 짓는 일로 자기 시간, 자기 인생을 낭비하는 경우도 있다. 세상에서 가장 어리석은 사람, 가장 미련한 사람은 자기 인생을 의미 없이 낭비하는 사람이다.

일정한 직업이나 생업을 위해서, 또는 자신이 맡은 사명과 책임을 위해서, 특히 하나님께서 자신에게 맡긴 일들을 잘 감당하기 위하여 소중한 시간을 바로 사용할 필요가 있다. 뿐만 아니라 우리에게 주어지는 여가, 주말 등 짜투리 시간, 강요되지 않은 자유의 시간을 바로 사용하는 지혜가 필요하다.

잊지 말아야 할 것은 우리의 인생, 우리의 시간을 가장 소중한 가치를 위하여 우선적으로 사용하는 지혜가 있어야 한다는 것이다. 우리 인생은 내가 하고 싶은 것 다 하고, 가고 싶은 곳 다 가고, 놀고 싶은 것 다 놀아도 될 만큼 길지 않다. 놀아도 쉬어도 선하게 사용하든 불의하게 사용하든 내 인생, 내 시간은 흘러가고, 흘러간 시간은 다시 되돌아오지 않는다. 생각 없이 흘려보낸 시간이라고 해서 그 책임에 대하여 자유로울 수 없다. 어떻게 사용했든지, 어떻게 흘러간 시간이든지, 의식했든지 의식하지 못했든지 간에 흘러간 시간에 대한 책임은 자신이 져야 한다. 그러므로 시간을 바로 사용하는 것이 인생을 바로 사는 것이고 인생의 성패를 좌우한다.

모세는 "우리에게 우리 날 계수함을 가르치사 지혜로운 마음을 얻게 하소서"(시 90:12)라고 기도했다. 자신의 날을 계수할 수 있는 사람이 지혜로운 사람이고, 자신의 인생의 끝날이 다가온다는 사실을 인식하지 못하고 인생을 낭비하는 사람이 가장 어리석은 사람이다. 적어도 교회 지도자인 장로는 자기 인생의 유한함을 기억하고 자신에게 주어진 시간을 하나님 나라를 위하여 유용하게 사용하는 지혜가 필요하다. 이런 장로가 교회를 바로 치리할 수 있다.

2) 목사의 파트너로 사는 삶

교회에서 장로라는 직분은 목사를 돕는 직분이다. 교단 헌법은 장로의 직임을 "목사와 협력하여…"(헌법 정치 6장 39조 1항)로 규정하고 있다. 자신의 생각이나 철학을 가지고 자신이 주도적으로 일하는 직분이 아니라 언제나 목사와 협력하여 일하는 직분이다. 목사의 목회 철학이나 사역의 방법이 자신의 생각과 다를지라도 자신의 판단으로 하는 사역이 아니라 목사가 하는 사역을 목사의 목회 철학을 따라 목사의 방법으로 협력하는 직임이 장로의 직임이다. 자기 철학이 아니라 목사의 철학을 따라 교회를 섬기는 삶, 즉 늘 목사에게 맞추고 목사와 파트너가 되고 목사와 협력하여 예배와 권징과 치리를 담당하는 직분이 장로의 직분이다. 그래서 교회에서의 장로는 자기 생각이나 자기 철학이나 자기 소신으로 일하는 사람이 아니라 목사의 목회 철학에 따라 그를 돕고 협력해야 한다. 장로는 목회자가 아니라 목회를 돕는 자이고, 자기 생각이 아니라 목사의 생각에 협력하는 직임이다.

많은 경우 교회 치리에서 목사와의 대립이나 갈등의 원인은 협력자인 장로가 자기 소신과 생각으로 치리에 임하기 때문이다. 엄밀히 말하면 장로는 자신의 목회 철학이 없어야 한다. 장로는 자기주장이 없어야 좋다. 협력자이지 주관자가 아니기 때문이다.

오랜 시간 교회를 섬기고 교회 치리에 많은 경험을 가지고 특히 노회나 총회에서 활동하여 교계의 흐름이나 정치적인 감각이 풍부한 장로인 경우 목사와 갈등이 일어나기 쉽다. 자기주장, 자기 소신이 생기고 그것이 고집으로 굳을 가능성이 크기 때문이다.

특히 목회 경험이 부족한 젊은 목사이거나 전통 있는 교회에 새로 부임한 목사인 경우 교회 치리에 경험이 없고 교회 전통이나 문화에 익숙하지 않기 때문에 장로들의 바른 협력이 필요하다. 장로는 목사가 그 교회의 전통과 문화를 잘 이해하도록 도와야 하고, 또 목사가 충분히 이해하여 자신의 목회 철학에 접목하여 새로운 문화와 전통을 만들 수 있도록 돕고 협력할 필요가 있다. 잘못하면 장로가 자기 생각이나 자기 소신 혹은 자신의 교회관을 마치 교회 전통이나 문화처럼 착각하고 목사에게 강요하고 따르기를 기대하기 쉽다. 교회의 전통과 문화가 중요하지만 단순한 답습이나 변화 없는 계승은 바람직하지 않다. 교회의 전통 위에 새로운 문화를 발전적으로 세워 나가야 한다.

그래서 장로는 목회자의 목회 철학이 교회 전통과 기존 문화에 접목이 되도록 돕고, 목사가 창조적인 목회를 할 수 있도록 협력해야 한다. 유능한 장로란 목사의 부족한 부분을 보완해 줄 수 있는 능력을 가진 사람이다. 목사의 부족한 경험과 모자라는 생각과 또 개 교회가 가진 문화와 전통에 대한 인식의 부족은 장로가 채워 주어야 한다. 목사가 완전하기를 기대하고 그렇지 못할 때 곧바로 실망하거나 비난하기보다는 바로 그 부분이 보완해 줄 부분이고 장로가 해야 할 일이라는 마음가짐을 가져야 한다. 그렇게 협력함으로 목회를 온전하게 세워갈 필요가 있다.

동시에 참으로 중요한 것은 목사도 유능해야 하지만 장로 역시 유능해야 한다. 장로는 목사의 목회 파트너이기 때문이다. 장로의 능력과 수준은 목회자의 능력과 수준을 결정하기도 한다. 장로의 수준이 너무 높으면 교회의 갈등이 되고, 장로의 수준이 못 미칠 때 지도력을 잃어버리게 된다. 그래서 교회는 목사의 수준만큼 장로의 영적 지도력이 필요하다.

장로는 자기 소신이나 철학이 아니라 목사의 철학이나 정책에 따르면서도 또 스스로 충분한 능력의 소유자여야 한다. 장로는 목사와 협력하고 교회를 바로 섬기기 위하여 기능적 능력 역시 필요하다. 목사와 협력하여 예배와 권징과 치리를 담당해야 한다. 목사와 장로의 목회에 대한 이해의 차이를 서로 보완해서 온전하게 세우지 않으면 사역의 차질뿐 아니라 갈등을 유발할 위험이 크다. 목사가 이 갈등을 피하기 위하여 언어도, 방법도, 철학도 장로에게 맞추려고 노력한다면 갈등은 봉합할 수 있을지 모르나 목회의 질적 저하를 가져올 수 있다. 따라서 장로가 목회자의 목회 비전에 자신을 맞추고 자신을 목사의 수준으로 높이려는 수고가 필요하다. 그것이 계속해서 목사의 목회 수준을 높일 수 있는 기회일 것이다.

목사의 목회에 있어서 가장 어렵고 힘든 관계는 장로와의 관계이다. 철학이나 지향점이 같고 마음이 맞으면 좋겠으나 수준이 서로 다르다면 사역뿐만 아니라 관계의 문제가 생기고 목회의 본래적 문제보다는 비본래적 문제로 목회 에너지를 낭비하게 된다. 장로는 목사의 목회 파트너로서의 책임을 다하기 위하여 자신의 신앙적 수준의 향상과 목사의 목회 철학에 대한 이해와 협력이 가능할 수 있도록 스스로를 잘 세워야 한다. 그래서 목회의 파트너로서의 자질에 부족함이 없어야 한다.

파트너십에 관한 좋은 예가 바로 성경 출애굽기 17장에 나오는 아론과 훌의 이야기이다. 이스라엘의 출애굽 사건의 기록에서 그 이야기를 읽을 수 있다. 하나님께서 이스라엘에게 해방을 주셨고 이스라엘이 꿈에도 그리던 가나안을 향해 가던 때에 있었던 일이다. 하나님께서는 자기 백성을 낮에는 구름기둥으로, 밤에는 불기둥으로 인도하셨고 메추라기와 만나를 주셔서 광야 길에서도 굶지 않게 하셨다. 그러나 하나님의 인도를 따르던 그들에게도 어려움은 있었다. 한창 희망에 부풀어 가나안을 향해 가던 그들은 하나님의 인도이기에 아무런 장애도 없이 갈 수 있다고 생각했다. 이제야 자유한 새로운 국가를 건설할 수 있다는 희망에 부풀어 가던 그들 앞에 방해꾼 아말렉이 가로막아섰다. 아무리 유능한 지도자의 인도를 받고 전능하신 하나님의 뜻을 따라도 방해는 있었다. 할 수 없이 그들은 아말렉과 전쟁을 하게 되었다. 모세는 여호수아를 지휘관으로 하여 백성들을 전쟁터에 내보내고 자신은 산에 올라가서 하나님의 도움을 요청하는 기도를 했다. 역시 기도는 능력이 있었고 하나님께서는 모세의 기도를 즉시 응답하여 모세의 기도의 손이 올라갈 때마다 여호수아의 전쟁은 승리했다.

그러나 기도 역시 혼자서는 힘들었다. 모세는 더 이상 손을 들어 기도할 수 없을 만큼 지쳐서 손을 내리고 기도를 중단할 수밖에 없었다. 모세의 기도가 중단되면 어김없이 여호수아의 전쟁도 후퇴를 하게 되었다. 전쟁은 여호수아가 한 것이 아니라 모세가 기도를 통해서 하였다. 전쟁은 여호수아의 전술이나 무기의 우수함이나 병사들의 용맹함에 달려 있는 것이 아니고 모세의 기도에 달려 있었다. 그러나 모세 역시 연약한 사람이기에 전쟁이 끝날 때까지 계속하여 손을 들고 기도할 수 없었다. 그래서 전쟁은 모세의 기도의 손이 올라갈 때면 승리하지만 지쳐서 내려올 때면 패배를 하는 순환이 반복되었고 속히 전쟁을 끝낼 수 없이 진퇴를 거듭하였다.

이 어려운 난국을 끝까지 헤쳐 나가서 승리하게 된 것은 바로 모세의 손을 붙잡아 준 아론과 훌 때문이었다. 전쟁터에 있었던 여호수아만으로는 전쟁에서 승리할 수 없어서 모세의 기도가 필요했고, 모세역시 혼자서는 무한정 손을 들고 기도할 수 없어서 모세의 손을 부축해 줄 아론과 훌이 필요했다. 전쟁은 여호수아 혼자서도 불가능했고, 모세의 기도만으로도 불가능했다. 모세를 도운 아론과 훌이 필요했다는 이야기이다. 전쟁의 승리를 위해서는 용감한 여호수아도, 기도의 지도자 모세도 필요했지만 그를 도와줄 아론과 훌도 필요했다. 모세가 아무리 유능하고 탁월한 지도자이고 영적으로 깨어 있고 길을 잘 아는 지도력을 갖추었다 하더라도 혼자서는 불가능했다. 여호수아도 필요했고 아론과 훌도 필요했다.

교회 역시 아무리 유능한 목사라도 목사가 혼자 세울 수는 없다. 아론과 훌이 모세보다 유능했기 때문이 아니다. 그렇다고 모세가 무능했기 때문도 아니다. 이들은 모세의 조력자일 뿐이었다. 유능한 지도자라도 그 지도력을 발휘하기 위해서는 조력자가 필요하다. 그들이 비록 부족해도 모세는 그들의 도움이 필요했고 그들의 도움이 모세도, 여호수아도 끝낼 수 없었던 전쟁의 승리를 가져왔다. 교회와 목회는 이와 같은 아름다운 협력관계가 이루어짐으로 온전해질 수 있다.

장로는 이처럼 목회를 온전하게 하는 결정적 도움을 줄 수 있는 직분이다. 목회자의 유능함도 중요하지만 장로의 도움이 유능한 목회자를 만들고 목회 지도력을 온전하게 할 수 있다. 장로는 목회자의 파트너이다. 따라서 목회를 잘못하는 교회라면 목회자만의 책임이 아니라 바로 돕지 못한 장로의 책임도 있다. 목회자의 부족을 탓하기 전에 장로 자신의 협력의 온전함을 먼저 돌아볼 필요가 있다.

무엇보다 중요한 것은 장로 스스로가 자신은 목회자의 목회를 돕기 위하여 목회의 파트너로 존재한다는 사실에 대한 정확인 인식이다. 장로는 목사가 함께해야 할 가장 좋은 동역자요, 형님처럼 의지할 수 있는 장로가 될 필요가 있다. 걸림돌이 아니라 디딤돌이 되어야 한다. 그러기 위해서 목사도 장로가 목회의 파트너라는 인식이 필요하고, 장로 역시 스스로 목회자의 파트너라는 인식으로 아론과 훌처럼 목사의 부족을 보완하고 함께 세우려는 노력이 필요하다.

3) 교인들의 모범(Sample)으로 사는 삶

　장로의 직임 중 중요한 직임이 바로 성도들의 신앙의 모범이 되는 것이다. 자신만 잘 믿으면 되는 것이 아니라 자신의 믿음을 다른 사람들에게 보여주어서 다른 사람들이 배우게 해야 할 책임이 있다. 평신도는 자기 혼자만 잘 믿으면 된다. 자기 믿음만 잘 지켜도 된다. 그러나 장로는 자기 믿음도 잘 지켜야 하지만 자신의 믿음을 다른 사람에게 보여주어서 성도들로 하여금 그 믿음을 따라 배울 수 있도록 본이 되어야 한다. 자기만이 아니라 다른 사람을 위해서도 잘 믿어야 한다는 말이다.

　교회마다 그 교회의 독특한 문화가 있다. 예배, 섬김 그리고 언어, 신앙의 태도, 영성 등 교회 문화가 교회마다 다르다. 또 성도들의 신앙의 경향도 다르다. 마음이 따뜻해지고 평안해지는 교회가 있고, 생명 구원에 열심 있는 교회도 있다. 각 교회가 가지고 있는 신앙 문화이다. 그 문화를 그 교회 지도자들, 특히 장로들이 만든다. 장로들의 신앙 성향이 교회 문화를 만든다. 사실 같은 교회라도 교회 장로가 바뀌면 교회 문화가 바뀐다. 분쟁이 많고 목사가 강제 퇴임을 당하고 엽기적인 사건이 벌어지고 동네에 손가락질을 당하며 시끄럽던 교회가 장로들이 바뀜으로 조용하고 소문난 좋은 교회로 바뀌는 것을 보아 왔다. 장로는 그 교회 신앙 문화의 샘플(sample)이다. 본(本)이 되어야 한다. "예배는 이렇게 드린다. 교회 섬김은 이렇게 해라. 전도는, 찬양은 이렇게 한다"는 것을 장로들이 보여주어야 한다. 장로는 믿는 자의 본이다. 좋은 본을 세우는 것이 지도자의 가장 큰 책임이다. 그래서 바울은 디도에게 "범사에 네 자신이 선한 일의 본을 보이며 교훈에 부패하지 아니함과 단정함과 책망할 것이 없는 바른 말을 하게 하라"(딛 2:7-8a)고 권면한다. 바울은 그의 믿음의 아들 유능한 목회자인 디모데에게 믿는 자의 본이 될 것을 강권한다(딤전 4:11-12).

주님의 몸인 교회도 이 땅에 존재하는 동안에는 공동체로 존재하기 때문에 교회의 사명과 사역을 감당하기 위해서는 교회를 이끌어 갈 직분 곧 장로가 필요하다. 그러나 교회는 자기 이익을 추구하는 세상 다른 기관과는 다르고 하나님의 뜻을 따라 "사람을 살리고 사람을 세우기 위하여 존재"하기 때문에 그 직분을 수직적 개념보다는 기능적 개념으로 이해해야 한다. 그래서 장로는 자신의 목적을 위하여 존재하지 않고 오직 섬김을 통해 하나님의 뜻을 이루기 위해, 교회를 온전하게 하기 위하여 존재한다.

교회의 직분에 대하여는 성경 여러 곳에서 언급하고 있지만 장로나 교회 지도자의 역할은 특히 에베소서 4장 11~12절에서 아주 분명히 말씀하고 있다.

"그가 어떤 사람은 사도로, 어떤 사람은 선지자로, 어떤 사람은 복음 전하는 자로, 어떤 사람은 목사와 교사로 삼으셨으니 이는 성도를 온전하게 하여 봉사의 일을 하게 하며 그리스도의 몸을 세우려 하심이라."

교회에는 필요에 따라 여러 직분들이 있지만 그 모든 직분의 한결같은 목적은 "성도를 온전하게 하고 봉사의 일을 하게 하여 그리스도의 몸

(교회)을 세우기 위함"이다. 성도를 봉사자가 될 만큼 잘 세워서 교회를 온전하게 하는 것, 곧 교회를 온전히 세우는 것이 목적이라는 말이다.

장로는 자신만 잘 믿으면 되는 직분이 아니다. 자기만 잘 믿는 것이 아니라 성도들이 잘 믿도록 성도들을 세우는 사람이다. 성도들을 온전하게 하는 것이 장로 됨의 목적이다. 성도들이 잘 믿고 못 믿는 것을 책임진 사람들이라는 말이다.

장로직을 감당하면서 가장 힘든 것 중에 하나가 바로 신행(信行)에 있어서 교인들의 모범이 되는 것이다. 장로들의 신앙과 삶은 바로 교인들을 이끌어 가는 데 본(本)이 되어야 하는 삶이어야 한다. 장로들은 교인들을 향하여 "나처럼 믿고 나처럼 살아라"고 보여주는 삶이어야 한다. 성경 디모데전서 3장 12~13절은 지도자는 말(言語)과 행실(삶)과 사랑과 믿음과 정절에 있어서 믿는 자에게 본이 되어야 한다고 교훈한다. 장로는 본(本)을 보이는 사람이다. '본(本)'을 보이는 것이 지도자의 가장 중요한 덕목(德目)이다.

4) 영적 나실인으로 사는 삶

장로는 영적 나실인이라고 할 수 있다. 나실인이란 하나님께 드려서 거룩하게 구별된 사람을 말하며 구약성경 민수기 6장에 나실인에 관한 법이 기록되어 있다. 나실인은 "성별하다, 억제하다"라는 뜻을 가진 말로, 스스로를 하나님께 드려서 성별하고 자신의 인간적 욕망을 억제하며 하나님께 헌신하여 사는 사람을 말한다. 곧 하나님께 충성을 서원한 사람이라는 말이다.

제도나 방법은 다르지만 장로 역시 자신을 구별하여 하나님께 드려 헌신히기로 서원한 영적 나실인이라고 할 수 있다. 자신의 욕심을 위해 살지 않고 하나님의 영광을 위해 살기로 서원했다는 의미에서 영적 나실인이라고 할 수 있다. 어느 누구도 자신의 영광이나 자신의 목적을 위하여 장로가 되는 사람은 없다. 다 "하나님의 영광을 위하여" 자신의 몸을 드려 헌신하기로 서원한 영적 나실인이다. 그래서 장로는 그의 삶의 목적이 하나님께 있고, 그 삶의 방법 역시 거룩하여야 한다.

이런 거룩한 삶을 위하여 중요한 것은 먼저 자신이 성별되어야 하고 거룩하게 세워져야 한다. 안수를 받고 장립(將立)이 되는 것은 자신이 거룩한 삶을 살기로 서원하는 것이고 그 서원을 공식적으로 교회가 인정하는 것이다. 그리고 장로의 직분은 항존직이다. 은퇴를 해도 교회를 치리하고 권징하는 사역의 시무를 마치는 것이지 장로의 서원이나 직임이 끝나는 것이 아니다. 따라서 장로는 하나님의 부르심을 받을 때까지 평생을 하나님께 드리고 영적 거룩성을 가지고 살아야 한다.

장로에게 있어서 참으로 중요한 것은 자신의 영적 거룩성이다. 장로는 세속적인 목적으로 세워진 직분이 아니라 거룩한 교회와 그 교회를 섬기기 위하여 세워진 직분이다. 따라서 장로 자신이 늘 거룩한 삶이어야 하고 또 그의 사역 역시 거룩한 것이어야 하고 거룩하게 집행되어야 한다. 그래서 장로는 남을 세우기 전에 먼저 자신을 영적으로 거룩히 세워야 하고, 남의 영성을 세우기 전에 먼저 자신의 영성을 세워야 한다. 장로가 영적 지도력을 잃어버릴 때 세상적이고 인간적인 방법을 동원하게 되고 공동체를 피폐하게 만든다. 그래서 장로는 늘 자신을 살피고 자신의 영성이 흐트러지지 않도록 깨어 근신해야 한다. 자신이 바로 살고 바로 가르치고 바로 보여주고 있는지에 대하여 민감해야 한다. 언행(言行)이 일치하지 않는 사람, 믿는 것과 행하는 것이 다른 사람은 교회 지도자가 될 수 없다. 에베소서 4장 13절에서 가르치는 대로 하나님의 아들을 믿는 것과 아는 일에 하나가 되어 온전한 사람을 이루어 그리스도의 장성한 분량이 충만한 데까지 이르러야 한다.

무엇보다 중요한 것은 장로는 영적 지도력을 가져야 한다. 장로의회에서 안수받을 때에 예언을 통하여 받은 것을 가볍게 여기지 말며 이 모든 일에 전심전력하여 자신의 성숙함을 모든 사람에게 보여주어야 한다(딤전 4:14-15).

5) 특권은 책임을 동반한다

장로는 책임도 크고 의무도 많다. 장로로 산다는 것은 삶의 큰 멍에일 수 있다. 이미 희생과 헌신을 전제로 한 직분이기에 어떻게 보면 십자가의 길을 스스로 선택한 것이고, 진정한 장로의 책임을 가진다는 것은 "존귀 영광 모든 권세는 주님께 드리고 멸시 천대 십자가는 제가 지고 가겠습니다"라는 고백이 전제된다. 장로는 구약시대의 나실인처럼 하나님께 드려진 존재이므로 자기 삶의 개인적인 영광은 거의 포기한 것과 마찬가지이다. 이미 드려진(헌신된) 삶이 장로의 삶이다.

그럼에도 불구하고 장로는 영광스러운 직분이고 장로로 산다는 것은 축복이며 특권이다. "장로"라는 자리는 참으로 거룩한 자리요, 소중하고 존귀한 직분이다. "장로"로 산다는 것은 영광스러운 일이요, 엄청난 특권이기도 하다. 그것은 교회에서 누리는 교권 때문이 아니라 영적으로 직분 자체가 영광스럽고 큰 특권이기 때문이다. 장로는 교회 성도들의 절대적인 지지를 얻어 선택을 받고 공교회의 전통을 계승하여 기름 부음(안수)을 받은 성직이다. 주어진 권한이나 장로의 외적 조건 때문만이 아니라 하나님의 선택을 받고 하나님의 인정을 받은 자로 세움을 받은 것 그 자체가 영광스럽고 존귀한 직분이다.

더욱 중요한 것은 특권은 책임을 동반한다는 것이다. 존귀한 직분이기에 그 직분을 존귀히 세워야 하고 존귀하게 행사해야 하고 그 직분에 걸맞은 삶과 책임이 동반되어야 한다. 권리는 책임을 동반하고 소중하기에 늘 그 값을 유지하여야 한다. 그것은 단지 사역만의 문제가 아니다. 책임 있게 사명을 수행해야 하는 것은 물론이지만 그 삶 자체도 다르게 거룩하고 구별되게 살아야 한다. 거룩한 직임은 일을 할 때나 그 직분을 수행할 때만 거룩한 것이 아니라 삶 자체가 거룩해야 하기 때문이다. 하나님은 우리의 소유나 기능만을 받으시는 것이 아니라 우리의 존재 자체를 다 받으시기를 원하신다.

우리는 구약시대의 나실인들, 특히 제사장들의 삶을 보면서 하나님의 뜻을 보고 우리의 삶의 태도를 가늠할 수 있다. 그들이 꾸중을 들은 것은 직무를 바로 행하지 못함 때문만은 아니다. 사실 그들이 제사 의식을 잘 집행하지 못했거나 제사법을 바로 하지 못했기 때문이 아니라 그들의 부정한 삶 때문이었다. 하나님께서 그 화려한 솔로몬 성전을 버리고 그 거룩한 성전, 그 거룩한 지성소에서 떠나신 것은 제사가 없었거나 제사를 잘못 드렸기 때문이 아니라 그들 스스로가 거룩성을 상실함으로 성전이 더러워져서 하나님께서 떠나셨고 바벨론의 군화에 짓밟히게 버려두신 것이다.

우리는 삼손의 이야기에서 삼손에게 주셨던 그 엄청난 힘은 자신의 거룩하고 구별된 삶에 대한 책임도 함께 주신 것이었음을 성경 사사기 말씀 속에서 너무나 잘 배운다. 그에게는 괴력의 힘만 주어진 것이 아니라 거룩한 삶에 대한 책임도 함께 주어졌지만 그 특권을 오용함으로 그는 그 특권 때문에 자신과 나라를 무너뜨리게 되었다.

그는 나실인으로 하나님께 드려진 사람이었다. 그리고 하나님은 그에게 남다른 엄청난 힘을 주셨다. 그런데 그 특별한 사람이 평범한 사람처럼 살았기 때문에 특권이 올무가 되었다. 우리는 삼손을 통해 특별한 사람은 특별히 살아야지 평범한 사람으로 사는 것 자체가 큰 범죄가 된다는 사실을 배운다. 장로는 장로로 살아야지 장로가 집사처럼 살고 평신도처럼 사는 것 그 자체가 범죄가 될 수 있다는 말이다.

삼손은 하나님께 드려진 나실인이었기 때문에 하나님은 그에게 엄청난 힘을 주셨다. 그 엄청난 힘을 가진 삼손은 보통사람으로 살아서는 안 되고 나실인으로 살아야 했다. 나실인인 그는 포도주와 독주를 마시지 말았어야 했고, 부정한 것을 먹지 말고, 특히 머리에 삭도를 대지 말았어야 했다. 그리고 시체를 만지지 말았어야 했다. 다른 사람들은 다 해도 되지만 나실인인 삼손은 해서는 안 되는 일이었다. 수질이 좋지 않은 팔레스타인에서는 포도주가 술이라기보다는 음료수에 가까웠다. 그래서 포도주는 그들에게 일상적인 음료였다. 그러나 하나님께서는 나실인인 그에게 포도주를 금할 것을 명하셨다. 아마 포도주에는 중독성이 있고 사람을 취하게 해 이성을 마비시키고 절제하지 못하게 하는 특성도 있었기 때문에 하나님은 그에게 거룩한 삶, 절제된 삶을 요구하신 것 같다. 머리에 삭도를 대지 말라고 하신 것도 일반 사람들은 이발하는 것에 아무 문제가 없었지만 하나님은 나실인에게 특별한 삶을 요구하신 것이다. "머리"라는 것은 그 사람 위에 그 사람을 다스리는 분이 계심을 상징한다. 나실인이 머리카락을 기른 것은 하나님의 주권을 인정하고 그분의 명령에 절대 복종할 것을 다짐하는 의지의 표현이었다. 또 죽은 시체를 만져서는 안 된다는 것 역시 죽음을 죄로 인한 저주의 대가로 생각했기 때문에 자신을 거룩하게 지키라는 명령이었다. 그래서 나실인은 하나님과 맺은 서원 곧 하나님과의 약속을 지키기 위해 그 무엇으로도 자신을 흐트러뜨리지 않아야 할 사람이었다. 나실인은 "성별된, 봉헌된, 구별된" 사람이기 때문이다.

삼손의 결정적 범죄는 머리를 깎인 것이다. 그것이 그의 삶과 그의 민족을 무너뜨린 원인이 되었다. 이발이 무슨 잘못이라기보다는 나실인의 금령을 어긴 것, 서원을 저버린 것, 스스로 거룩성을 훼손한 것이 문제이다. 보통 사람들에게는 머리에 삭도를 대는 것 곧 "이발"하는 것이 죄가 아니다. 그러나 삼손에게는 엄청난 죄가 되었다. 왜냐하면 그가 나실인, 즉 특권을 맡은 사람이었기 때문이다. 이발한 것이 죄라는 말이기보다는 서원을 저버린 것이 죄라는 것이다. 머리 깎인 것, 그것이 죽을 만큼의 죄가 된 것은 그가 나실인이기 때문이다. 달라야 하는데 다르지 못함이 죄였다.

장로는 다르게 살아야 한다. 특권은 책임을 동반한다. 장로가 말에나 행동에나 섬김에서 평신도 수준에 머문다면 그것이 범죄일 수 있다. 그의 문제는 힘이나 능력 부족 때문이 아니었다. 지위가 없거나 신분이 낮거나 축복을 못 받은 문제가 아니다. 특권을 잘못 사용한 문제이다.

특권을 자기를 위해 사용하지 말아야 한다. 장로직은 자기 위상을 세우고 교회 안에서 교권을 강화해 주기 위해 세워 준 특권이 아니다. 특권을 사적(私的) 목적을 위해 사용하지 말아야 한다. 장로는 스스로가 하나님께 드려진 신분임을 명심하여 축복의 직분이 되게 거룩하게, 다르게 살아야 한다.

6
장로의 교회생활

1) 장로와 예배

장로의 섬김, 장로의 봉사, 장로의 헌신은 예배를 위한 것이고 예배를 통하여 온전하게 된다. 예배가 최고의 헌신이고 최고의 섬김이다. 예배자가 되고 예배를 섬기는 것이 장로됨의 중요한 이유이며 목적이다. 그래서 장로가 된다는 것은 우선적으로 예배자가 되고 예배 봉사자가 됨을 말한다.

신앙생활, 즉 예수를 믿는다는 말은 예배드리는 삶을 사는 것을 말한다. 하나님을 섬긴다는 말은 하나님께 예배하고 예배한 대로 살아가는 것이다. 신앙생활은 도덕운동이 아니다. 사람은 착하게만 살면 되는 것이 아니라 하나님을 잘 섬겨야 한다. 하나님의 자녀로 살아야 한다. 착하면 다 하나님의 자녀가 되는 것이 아니라 하나님을 믿어야 하나님의 자녀가 된다. 하나님을 믿는 믿음의 핵심이 예배이다. 하나님의 자녀이기 때문에 착하게 살아야 하지만 착하다고 다 하나님의 자녀가 되는 것은 아니다. 하나님의 자녀가 되는 자격은 믿음으로 가능하고 믿음의 표현이 바로 하나님께 예배하는 것이다. 하나님을 잘 믿는다는 말은 하나님을 잘 섬기는 것이고, 하나님을 가장 잘 섬기는 것이 바로 하나님께 예배하는 것이다. 예배와 삶으로 하나님을 섬기는 것이 신앙생활이다. 하나님을 섬기는 구체적 행위가 예배이다. 아무리 착해도, 아무리 봉사를 많이 해도 하나님을 바로 예배하지 못하면 성도가 아니다. 하나님은 영과 진리로 예배하는 자를 찾으신다.

(1) 예배란?

먼저 자신을 드려야 한다. 예배는 하나님께 자신을 바치는 행위이다. 자신을 드리는 것이 예배를 드리는 것이다. 특히 장로는 예배를 돕는 자가 아니라 먼저 예배하는 자, 예배드리는 자여야 한다. 성도들이 예배를 잘 드릴 수 있도록 돕기 전에 먼저 자신을 드려야 한다. 예배 봉사자가 아니라 예배자가 되어야 한다. 예배의 다른 제물을 드리기 전에 먼저 자신을 예배의 제물로 드려야 한다. 가인은 자신을 먼저 드리지 않아서 그가 드린 제물을 하나님께서 열납하지 않으셨다. 아벨은 자신을 먼저 드렸기 때문에 아벨의 제물을 하나님은 받으셨다.

그래서 예배를 드린다는 말은 자신의 생명을 드린다는 말이다. 자신의 생명을 드리는 것이 예배이다. 제사의 기본은 번제(燔祭)이다. 번제는 제물의 전부를 불태워서 드리는 제사이다. 자신을 대신해서 제물을 불태워서 드리는 것이다. 나 자신의 생명을 하나님께 바친다는 의미이다. 그래서 예배는 나 자신의 생명을 바치는 예식이다. 내 생명을 바친다는 말은 자신이 모든 것, 소유와 능력은 물론 자신의 생명까지도 드린다는 것을 의미한다. 제물(祭物)을 드림은 생명을 드림이다. 헌금을 드림은 내 생명을 드리는 표시이다. 헌금을 드리는 것은 하나님께 뭔가 도움을 드린다거나 하나님께 선심을 쓰는 것이 아니다. 하나님의 것을 하나님께 드린다는 의미이다. 내가 가진 모든 소유가 다 하나님의 것이라는 고백이기도 하다. 나를 드리는 표시이다. 내 전부를 드리는 표시이다. 나의 가장 소중한 생명을 드린다는 의미이다.

(2) 예배의 프레임으로 세워진 공동체

교회는 예배의 프레임으로 세워진 공동체이다. 그래서 우리는 모든 일을 예배로 시작하고 예배로 마친다. 성도가 예배를 소홀히 한다면 어떤 교육도, 어떤 봉사도, 어떤 섬김도, 어떤 노력도 무의미하다. 교회의 모든 사역은 예배를 위한 것이다. 교회는 인간들의 즐거움을 위하여 모이는 공동체가 아니다. 그렇다고 어려운 사람을 돕고 사회적 정의를 이루기 위하여 존재하는 것도 아니다. 교회는 예배하기 위하여 존재한다. 교회의 모든 사역은 예배를 위한 것이다. 선교는 예배자를 세우기 위함이고, 교육은 바른 예배자를 만들기 위함이다. 봉사는 온전한 예배자를 세우기 위한 도움이며, 진정한 친교는 예배를 통한 나눔이다. 교회는 하나님을 예배하기 위하여 존재한다. 이것을 간과하면 교회의 그 어떤 것도 의미가 없다. 좋은 교회는 예배를 바로 드리는 교회이다. 예배가 살아있는 교회가 살아있는 교회이며, 온전한 예배가 있는 교회가 온전한 교회이다. 예배의 건강이 곧 교회의 건강이다. 예배가 곧 교회의 교회 됨을 말해 준다는 의미이다.

장로의 교회 섬김 역시 예배를 위한 것이고 예배를 위해 존재한다. 섬김의 꽃은 예배이며 섬김의 열매도 예배이다. 그래서 모든 사역과 사명의 우선순위는 예배여야 한다. 장로는 먼저 예배를 위하여 자신을 하나님께 드려야 한다. 예배는 자신을 하나님께 바치는 예식이다. 다양한 예배 순서 곧 말씀과 기도와 찬양, 헌금과 헌물과 각종 예식 등으로 하나님께 예배하지만 그 모든 예배 순서와 제물은 다 자신을 하나님께 드리는 표현이다. 찬양의 제물도, 기도의 제물도, 헌금으로 드리는 제물도, 봉사와 헌신도 다 나 자신을 드리는 마음으로 드리는 제물이다.

(3) 받는 예배, 드리는 예배

예배자는 먼저 예배 의식이 바로 되어야 한다. 한국교회 성도들, 특히 교회 지도자들은 예배에 임하는 자세의 근본적인 변화가 필요하다. 예배드리는 목적 자체의 변화가 필요하다. 예배는 하나님께 드리는 것이고 모든 관심은 자신을 어떻게 하나님께 드려야 할 것인가에 있어야 하지만 사실 한국교회 성도들의 예배는 드리기 위한 것이기보다는 받는 것에 너무 큰 관심을 가진다. 예배는 드리는 것이지 받는 것이 아님에도 불구하고 우리는 예배를 통하여 받는 것에 너무 많은 관심을 가진다. 비록 그것이 "은혜"라는 지극히 신앙적인 목적이라고 해도 근본적으로 예배는 드리는 것이지 받는 것이 아니라는 의식이 있어야 한다.

아무리 경건한 마음으로 예배를 준비하고 사모하는 마음으로 예배에 참석한다고 해도 "이 예배를 통하여 어떻게 은혜를 받을까?"를 생각한다면 잘못된 예배를 드리는 것이다. 예배를 드릴 때는 "이 예배를 통하여 어떻게 나 자신을 바로 온전히 하나님께 드릴 수 있을까?"에 관심을 가져야 한다. 예배를 정성으로 준비하고 경건히 예배하는 것이 은혜 받고 돌아가는 것을 목적으로 한다면 그 마음의 태도가 경건해도 근본적으로 예배 목적과는 다른 것이 된다.

가장 중요한 관심은 예배를 준비할 때도, 예배를 드리는 순간에도, 예배를 마치고 돌아가는 시간에도 "잘 드리기를 원하고 잘 드리고 돌아가야 한다"는 것이다. 예배에 대한 근본적인 태도의 변화, 예배는 받는 것이 아니고 드리는 것이라는 의식의 변화가 필요하다. 최선을 다하여 준비하고, 마음을 다해 자신을 드리고, 드린 기쁨으로 돌아가는 것이 예배자의 바른 태도이다. 찬송도, 기도도, 헌금도, 그리고 모든 순서도 하나님께 자신을 온전히 드리는 것에 목적을 두어야 한다. 받기 위하여 준비하지 말고 드리기 위하여 준비해야 하고, 받기 위하여 예배하지 말고 드리는 예배이어야 하고, 드리고 돌아가는 만족과 기쁨을 가져야 한다.

예배에 임하면 강대상이 아니라 강대상 너머의 하나님을 바라보아야 한다. 성도는 예배드리는 자이지 받는 자가 아니다. 예배는 하나님이 받으시고 성도들은 드리는 것이다. 예배를 드리고 돌아가는 성도들이 이 예배를 통하여 내가 무엇을 받았는가를 돌아볼 것이 아니라 온전히 잘 드렸는가를 돌아보아야 한다. "나는 이 예배에서 은혜 받고 돌아가는가?"가 아니라 "나는 오늘 예배로 하나님을 기쁘게 했는가? 내 예배를 하나님이 기쁘시게 받으셨는가? 나의 예배로 오늘 하나님께서 기뻐하셨는가?" 하는 반성으로 돌아가야 한다.

(4) 장로의 예배와 예배 봉사

특히 장로들, 교회 봉사자들이 주의해야 하는 것은 예배 참석이나 예배 봉사와 예배드림은 다르다는 것이다. 예배 참석이나 봉사를 예배드림으로 착각하는 경우가 많이 있다. 교회 지도자들이 범하는 실수가 예배 봉사한 것을 예배드린 것으로 착각하는 것이다. 예배는 참석이 아니고 관람(구경)도 아니다. 예배는 무엇보다 먼저 자신을 드리는 것이다. 예배 봉사와 예배드림은 다르다. 예배시간에 기도를 인도했다고, 예배에 참여했다고 예배를 드린 것이 아니다. 기도나 찬양 혹은 헌금위원으로 참여를 하고 예배시간에 그 자리에 앉아 있었어도 예배를 못 드릴 수 있다. 필자의 경우에는 주일에 설교를 다섯 번이나 했어도 예배는 못 드리고 설교만 하고 예배 봉사만 한 경우가 여러 번 있었다.

예배에 참석해서 예배를 무슨 공연을 보거나 행사에 참여한 것 같은 마음으로 앉아 있거나 예배 설교나 예배 찬양이나 예배 분위기를 평가

하고 있었다면 예배를 드린 것이 아니다. 마치 극장에서 연극을 보듯이, 좌석에 앉은 관람객으로 배우를 바라보듯이 그런 태도라면 예배 시간 내내 예배에 참여하고 있어도 그건 예배를 구경한 것이다. 예배는 단지 참석만 할 것이 아니라 드려야 한다.

성경에 나오는 이스라엘 사람들의 가장 큰 실수는 예배의 형식에만 몰두함으로 정말 중요한 예배를 못 드린 것이다. 장로의 대표기도 역시 그렇다. 참석한 교인들의 마음에 만족을 주려고 하기보다는 하나님의 영광에 관심을 두어야 한다. 교인이 은혜 받기 위한 예배가 아니라 하나님을 기쁘시게 하는 것이 예배이기 때문이다.

특히 장로는 예배에 헌신해야 한다. 예배 비평가처럼 미학적 판단을 일삼는 태도를 버리고 마음의 희생에 전력을 다하여 한다. 특히 주의할 것은 쇼핑하듯 자기가 좋아하는 것만 골라 가지려는 그런 태도가 아니라 자신의 모두를 다 주게 드리고 하나님을 기쁘시게 하는 예배자가 되어야 한다. 예배를 바로 드림이 신앙의 성공이고 섬김의 시작이고 축복이다.

(5) 이렇게 예배하라

어떤 예배를 드려야 하는가? 예배에 대하여 예수님께서 정확하게 가르치신 말씀이 바로 요한복음 4장 23~24절이다.

"아버지께 참되게 예배하는 자들은 영과 진리로 예배할 때가 오나니 곧 이 때라 아버지께서는 자기에게 이렇게 예배하는 자들을 찾으시느니라 하나님은 영이시니 예배하는 자가 영과 진리로 예배할지니라.”

예배는 성령의 임재가 있어야 한다. 예배는 “영과 진리로 드리는 예배”여야 한다. 신령함이 있는 예배가 되어야 한다. “예수 믿는다”는 말은 “예배자”가 된다는 말인데 예배는 인간적인 차가운 의식이나 목사의 설교만이 아니라 예배자 자신을 하나님께 드리는 영적인 사건이어야 한다. 예배에 여러 순서가 있지만 모두가 다 자신을 하나님께 드리는 순서이다. 그래서 예배는 무엇보다 영적으로 드리는 예배, 영과 진리로 드리는 예배가 되어야 한다. 곧 성령의 임재가 있는 예배여야 한다. 사람들끼리 모여서 교류를 하는 것이 아니라 성령께서 함께하시는 예배여야 한다.

예배는 감동(impressing, 하나님의 임재)과 치유(healing, 회복)와 축복이 있는 예배(blessing, 구원의 역사)여야 한다. 사람을 변화시키는 예배여야 한다. 예배는 하나님과의 영적 만남을 통하여 사람이 변화되는 역사가 있어야 한다. 찬송을 하면서 기도하면서 말씀을 들으면서 변화의 역사가 일어나야 한다. 하나님이 임재하시는 예배가 되어야 한다. 하나님의 신이 운행하시는 예배가 되어야 한다. 하나님의 임재 없이 인간들끼리만 모였다가 흩어지는 모임은 인간들의 집회일 뿐 예배는 아니다.

예배는 변화(transformation)의 역사가 있어야 한다. 예배에 변화는 없고 단지 신앙 정보나 전달하는 정도의 예배는 참된 예배일 수 없다. 영생에 대하여, 구원에 대하여, 의로운 삶에 대하여 정보를 주는 것보다 더 중요한 것은 성도들이 그런 존재가 될 수 있도록 변화를 줄 수 있는 능력 있는 예배가 되어야 한다.

예배를 통하여 정보(information)가 선포될 뿐 아니라 성도들을 변화시킬 수 있는 능력 있는 예배가 되어야 한다. 기도하면 좋다는 정보만 전달할 것이 아니라 기도하는 사람이 되게 해야 하고, 성경이 하나님의 말씀이라는 지적 정보를 제공할 뿐 아니라 성도들이 실제로 성경의 교훈대로 살게 해야 한다. 의롭게 사는 것이 좋다는 것을 알려 주는 것보다 의롭게 살아가도록 만들어야 한다. 예배가 하나님을 영화롭게 하는 것이기도 하지만 예배를 통하여 변화가 이루어져야 한다. 하나님이 원하시는 하나님의 형상으로 충만한 영적 그리스도인으로 변화되어야 한다.

예배에는 치유(healing, 회복)가 있어야 한다. 예배를 통하여 수고하고 무거운 짐을 내려놓고 비뚤어진 인간이 새롭게 되고 병든 몸과 마음이 치유되고 사람이 온전케 되는 예배가 되어야 한다. 문제가 해결되고 병이 치유되고 사람이 온전하게 되는 예배가 되어야 한다. 악한 사람이 선한 사람으로 회복되고, 불의한 사람이 의로운 사람으로 변화되는 참된 치유가 있어야 한다. 나쁜 마음을 가진 자가 예배드리고도 그대로 있다면 예배를 잘못 드린 것이다. 누구나 본래 하나님의 형상대로 창조되었으나 세상을 사느라고 어떤 문제로 감정적 혼란이 와서 악하게 된다. 그러나 예배를 드리고 나면 선하게 회복되어야 한다.

예배는 축복(blessing, 구원의 역사)의 역사가 있어야 한다. 역사는 예배를 통하여 일어난다. 예배를 통하여 은혜를 받고, 감동을 받고, 새롭게 변화되고, 심령이 하나님을 만난다. 기쁨으로 나아오고, 감사함으로 돌아가는 예배 감격과 기쁨이 충만한 그런 예배가 되어야 한다.

2) 장로와 기도

성경 야고보서에서는 "너희 중에 병든 자가 있느냐 그는 교회의 장로들을 청할 것이요 그들은 주의 이름으로 기름을 바르며 그를 위하여 기도할지니라"(5:14)라고 교훈하고 있다. 기도로 성도들을 돌보는 직임이 바로 장로의 직임임을 명시한다. 물론 이때의 장로는 오늘 우리 시대의 치리와 권징만을 담당하는 장로와는 개념이 다르고 사실상 목회자를 의미하기는 하지만 오늘의 장로 역시 기도로 성도들을 돌보는 책임을 감당해야 하는 것은 마찬가지다. 사실 모든 직분자와 모든 성도는 일단 기도의 사람이어야 하고, 온전한 신앙인은 이 기도의 영적 능력을 따라 살고 신앙생활이 곧 기도생활이라고도 할 수 있다. 그래서 기도를 성도의 호흡이라고 한다. 호흡이 곧 생명이고 생명은 호흡으로 유지된다. 기도도 마찬가지이다. 기도하지 않는 성도는 이미 신앙의 생명을 상실한 사람으로 볼 수 있다. 성경은 "쉬지 말고 기도하라 범사에 감사하라 이것이 그리스도 예수 안에서 너희를 향하신 하나님의 뜻이니라"(살전 5:17-18)고 교훈하고 있다.

장로의 기도는 단지 자신의 영적 삶의 수준을 넘어 장로의 중요한 사역이라고도 할 수 있다. 장로는 주일예배를 비롯한 모든 사역을 위해 기도하고, 특히 성도들을 대표하여 기도의 제물을 하나님께 올려드리는 영적 제사장의 역할도 감당하기에 장로에게서 기도는 신앙과 사역의 생명이라고 할 수 있다. 그래서 장로야말로 기도의 사람이어야 하고 기도 사역을 잘 감당하는 사역자여야 한다. 그러기 위하여 기도에 대하여 바로 알고 잘 감당하여야 한다. 장로는 세상 지식이나 상식, 또는 교회생활을 통하여 얻은 경험으로 지도력을 발휘하고 교회를 이끌어 가야 하지만 무엇보다 중요한 것은 장로는 기도에 능한 사람, 기도의 사람이 되어야 한다. 개혁자 마르틴 루터(Martin Luther)는 하루 중 가장 귀중한 3시간을 기도로 보냈다고 하는데 장로 역시 기도가 행사가 아니라 삶이어야 한다.

(1) 기도란?

기도는 인간과 하나님 사이에서 이루어지는 상관관계이다. 기도는 하나님의 생기로 영적 존재로 창조된 인간의 영적 호흡이며 하나님과의 영적 대화이다. 인간은 기도함으로 성부 하나님께 성자 그리스도의 이름으로 성령의 도움을 받아 하나님과 대화를 나누며, 하나님의 뜻을 찾고, 자신의 당면한 문제에 대한 해결책을 찾고 은총을 얻게 된다. 그래서 기도는 신앙생활의 중심이며 성도들에게 주신 은혜이고 특권이며 은사이다. 진정한 기도는 자신과 자신의 섬김의 중심에 하나님을 모시는 것이다.

특히 한국교회는 기도 위에 세워진 교회이다. 한국교회의 자랑스러운 전통이 바로 기도의 전통이다. 기도는 한국교회의 능력이었다. 특별히 새벽기도회와 철야기도회, 특별기도회는 한국교회의 영적 능력을 세워온 영적 능력의 진원지 역할을 했다. 새벽기도는 예수님의 기도가 그 효시라고 볼 수 있다. 예수님은 새벽 미명에 한적한 곳을 찾아 기도하셨다(막 1:35). 우리나라 교회의 자랑도 바로 이 새벽기도회이다. 이 새벽기도가 한국교회를 이렇게 세웠다고 할 수 있다. 한국교회 신앙의 선배 장로님들은 모두가 다 새벽기도의 사람들이었다. 필자가 어릴 때는 기독교인이면 누구나 다 새벽에 나와 기도하는 사람이라고 생각했다. 특별히 믿음 좋은 사람만이 아니라 신앙을 가진다는 것, 그것은 곧 새벽에 기도하는 것이라고 생각했다.

금요철야기도 역시 우리나라 교회의 전통이었고 영적 능력을 유지하는 한 방법이었고 주일예배, 수요예배와 같은 교회의 정규 기도회였다. 오늘날 같은 금요일 밤 예배가 아니라 금요철야기도회였다. 누가복음 6장 12~13절의 말씀처럼 주님이 밤이 맞도록 하나님께 기도하심과 같았다. 특히 금요철야예배는 의식적인 기도이기보다는 간구의 기도였고 처절하리만치 간절한 기도였다. 우리나라 초대 교인들이 많은 박해와 경제적 어려움과 문제 가운데서도 강력한 영적 능력을 유지할 수 있었던 것은 이처럼 새벽기도와 철야기도 등의 기도 덕분이었다. 지금 역시 한국교회의 영적 능력의 회복은 이런 기도의 회복으로 가능할 것이다.

특별기도도 그렇다. 한국교회는 필요할 때마다 특별기도회로 영적 능력을 세워 왔다. 특히 사순절의 특별 새벽기도회, 교회 건축이나 총동원 전도주일 등 교회의 특별행사나 문제가 있을 때, 또 부흥회 등 영적 준비가 필요할 때마다 특별기도로 신령을 준비했다. 그것이 한국교회를 강력한 교회로 세워온 능력이다. 그래서 한국교회의 기도는 특별한 의미를 가지고 있다.

기도는 독백이 아니다. 삼위일체 하나님과의 관계에서 일어나는 영적 활동이다. 기도는 삼위일체 하나님의 은총을 전제로 한다. 기도는 하나님과 그리스도의 신실성(信實性, 롬 15:5; 고전 1:9; 살전 5:24; 살후 3:3)과 풍성함(롬 10:12 ; 고후 9:8-9; 빌 4:9) 그리고 그리스도의 능력(골 1:11; 살후 1:11)을 의지하며 성령의 인도를 따라야 한다. 성령은 우리를 아시고(롬 8:16-27) 우리를 인도하셔서(롬 8:5) 하나님께 나아가게 하신다(고전 2:10-12; 롬 8:27). 성령께서 우리에게 하나님이 우리의 "주(Lord)"이시며 "아바(Abba) 아버지"임을 알게 하시고 기도가 가능하게 하신다(롬 8:27). 성령께서 죄와 사망의 법에서 우리를 해방하사 하나님께 나아갈 수 있게 하신다. 그래서 최고의 기도는 성령의 인도를 받는 기도이다.

(2) 장로의 예배 기도

웨스트민스터 요리문답(Westminster Catechism) 제1조는 "사람의 제일 되는 목적은 하나님께 영광을 돌리고 영원토록 그를 즐거워함이다"라고 천명한다. 인간의 기본적인 요구와 의무는 하나님께 영광을 돌리는 것이고 하나님을 즐거워하는 것이다. 그래서 하나님을 향한 우리 인간의 가장 우선적인 행위가 예배여야 한다. 예배가 전제되지 않은 신앙인의 삶이란 있을 수 없는 일이다. 예배가 우리 삶의 기본이요 시작이요 끝이다. 우리는 의식으로서 예배하고 삶으로 예배한다. 예배의 중심에는 찬양과 말씀과 기도가 있다.

일반적으로 장로의 예배 기도는 성도들을 대표하여 기도의 제물을 하나님께 올려드리는 기도의 제사장적 역할이다. 예배 시 장로의 대표기도는 예배의 중요한 순서이고 예배와 예배자들에게 절대적 영향을 준다. 그래서 장로들은 예배 기도에 대한 바른 이해가 있어야 하고 목사가 설교를 준비하듯 장로의 기도 역시 철저히 준비하여야 한다.

일반적으로 기도는 즉흥적으로 청산유수로 유창하게 하는 기도를 잘하는 기도로 착각하고 기도를 준비하거나 기도문을 작성하여 하는 기도를 부끄럽게 생각하는 그릇된 경향이 있다. 그러나 목사의 설교처럼 장로의 기도 역시 철저히 기도하면서 준비해야 한다. 기도는 단지 예배과정의 한 행사로만 이해해서는 안 된다. 기도에 대한 무지나 몰이해 그리고 경솔한 태도가 예배에 부정적 영향을 끼치고 공예배를 무력화시키는 경우가 많다. 장로는 예배 기도의 중요성을 바로 인식하고 철저한 준비로 예배 기도에 임하여야 한다.

① 주일예배 시의 기도

장로의 중요 직임 중 하나가 주일예배 시의 대표기도이다. 이것이야말로 장로 됨의 권한이기도 하고 중요한 의무이기도 하다. 근래에 와서 집사나 권사 혹은 청년까지 예배의 대표기도자로 기도하는 교회가 있기는 하지만 사실 예배 기도는 장로가 담당하는 것이 옳다. 예배의 거룩성이나 예배 의식의 중요성으로 볼 때 기름 부음 받은 장로가 담당하는 것이 옳다. 모두가 다 하나님의 자녀이고 모두가 다 거룩한 성도이기에 직분은 단지 기능일 뿐이지 직분으로 성속을 말해서는 안 된다는 주장도 가능하지만 성직자를 인정하고 성직을 인정할 때 예배 기도 담당자는 안수를 받아 성별된 장로가 하는 것이 좋다고 본다. 일반 교회에서 장로가 특권처럼 행하는 것이 주일예배 기도이고, 장로들의 주일예배에 대한 경건함과 거룩성에 대한 태도는 인정할 만하다. 필자도 시무 시에 불미스러운 일을 저지른 한 장로의 교회 사역을 제한한 경우에도 주일 대표기도만은 할 수 있도록 배려했다.

문제는 기도의 바른 태도와 기도의 온전성의 문제이다. 공예배에서 드리는 기도에는 일반적으로 3가지의 종류가 있다. 이미 작성된 기도문을 예배의 한 의식, 순서의 하나로 함께 낭독하는 기도이다. 전통적 성인들의 기도문이나 교단이나 혹은 공식적으로 만든 기도문 등 정형화된 기도문을 읽는 정도의 의식적 기도이다. 또 하나의 기도는 준비나 예고 없이 하는 즉흥적인 기도이다. 흔히들 이렇게 아무 준비도 없이 즉흥적으로 유창하게 하는 기도를 아주 잘하는 기도로 인정하는 분위기도 있다. 기도의 실력이 있는 사람으로 인정하기도 한다. 다음은 예고된 기도 순서에 따라 기도문 작성이나 준비된 기도문은 없지만 마음으로 준비하여 하는 기도이다. 근래에는 예배 대표기도도 기도문을 작성하여 준비하게 하는 교회도 많이 있지만 한국교회 예배의 대표기도자의 일반적인 모습이라고 할 수 있을 것이다.

모든 방법의 기도가 일리는 있고 장단점이 있지만 일반적으로 의식적 기도는 기도 중의 실수나 예배와 참석한 사람들의 정서와 신앙고백과 다른 기도를 할 위험성이 줄어든다. 기도의 실수가 없어서 예배 의식을 세련되고 깔끔하게 할 수는 있지만 거기에는 그 자리에서 역사하실 성령께서 개입할 여지가 없어서 메마르고 형식적인 예배가 될 수도 있다.

가장 위험한 기도는 즉흥적인 기도이다. 기도자의 익숙한 예배 의식이나 순발력, 그리고 거기에 역사하시는 성령의 인도를 받을 장점이 있기는 하지만 잘못하면 자기 감정이나 생각에 치우친 부적절한 표현, 기도 내용의 반복, 지나치게 긴 기도 등의 문제가 있고, 무엇보다 기도가 지나치게 자기 감정이나 생각에 빠질 위험이 있다. 또 마치 설교를 하듯이 창세기부터 요한계시록까지 나열하여 자신의 성경 실력이나 상식의 넓이를 과시하는 것 같은 기도를 하는 경우도 있을 수 있다. 또한 대표기도를 통하여 다른 사람을 정죄하거나 규탄하는 등 자기 감정을 드러내어 예배를 그르치는 경우도 있다. 잘못된 장로는 대표기도를 통하여 자기 교회 목회자를 비난하고 성도들로 하여금 목회자에 대한 반감을 갖도록 조장하는 기도를 하기도 한다. 예배는 찬송과 기도와 말씀으로 구성되는데 그 한 축인 기도가 잘못됨으로 예배가 잘못될 위험은 언제든지 있다.

그래서 장로의 기도는 영적 준비가 있어야 하고 온 성도들을 대표하여 기도의 제물을 하나님께 올린다는 헌신의 의식이 있어야 한다.

② 심방시의 기도

장로의 기도가 두 번째로 많은 빈도를 차지하는 것이 아마 심방 시에 하는 기도일 것이다. 심방 시에 장로가 동행하고 심방 중에 장로가 심방 예배 기도를 인도할 때 특히 주의해야 하는 것은 기도 내용이다.

장로의 기도는 그 예배를 위한 기도여야 한다. 목사의 예배 인도와 축복, 참석자나 그 가정의 가족들이 드리는 예배가 하나님께 드려지기를 간구하는 기도여야 한다. 많은 경우 기도를 인도하는 장로가 그 가정의 모든 것을 다 들추어서 기도하고 축복하는 기도를 해 버리는 경우가 있는데 이는 좋은 기도가 아니다. 그 가정의 모든 형편과 처지를 따라 그 가정의 간구를 기도하고 축복하는 기도는 목사가 할 기도이다. 장로는 예배를 위한 기도를 하는 것으로 그쳐야 한다. 장로가 목사가 할 축복기도까지 다 해 버리는 것은 예의에 맞지 않다. 축복기도를 장로와 목사가 이중적으로 다 해도 좋지만 심방에서 축복의 권한은 목사에게 있음을 기억해야 한다. 따라서 심방 중 목사가 할 축복을 대표기도하는 장로가 다 해 버리지 않도록 주의해야 한다.

(3) 이렇게 기도하라

　기도는 누구나 할 수 있고 언제 어디서 누가 어떻게 하든 형식에 구애받지 않는다고 할 수 있지만 기도가 공적인 기도일 경우에는 기도를 배워 바른 기도를 드려야 한다. 예수님의 제자들도 예수님께 기도를 가르쳐 달라고 했고, 예수님께서는 제자들에게 "이렇게 기도하라"고 가르치셨다. 누구나 할 수 있는 기도이지만 기도도 바로 해야 한다는 말이다. 그래서 기도의 모범은 주기도문이다. 주기도문이야말로 가장 완벽한 기도이기 때문에 필자가 교회 시무 시에는 모든 예배 대표기도자의 기도 후에는 꼭 주기도문을 같이 하도록 했다. 이는 대표기도자의 미흡한 기도를 보완하고 온전한 기도를 드리기 위한 한 방법이었다.

　기도는 자신의 뜻을 이루기 위하여 하나님께 승낙을 받거나 자신의 목적을 이루기 위해 하나님께 떼를 쓰는 행위가 아니다. 자신의 욕심을 이루기 위하여 하나님의 도움과 능력을 요구하는 행위가 아니라 자신의 욕심을 포기하고 자신의 삶에서 하나님의 뜻을 이루기 위한 신앙고백이다. 예수님의 겟세마네의 기도가 그 기도의 본이라고 할 수 있다. 주님의 겟세마네 기도의 핵심은 "내 원대로 마시옵고 아버지의 원대로 되기를 원하나이다"(눅 22:42b)였다. 기도는 자기 뜻을 관철하기 위한 것이 아니라 하나님의 뜻에 순종하기 위한 것이다. 우리가 살다 보면 내 소원과 하나님의 뜻이 상충되는 경우가 너무 많다. 우리의 소원이 그만큼 하나님의 뜻에 어긋나는 욕심으로 인한 것이 많다는 의미일 것이다. 기도는 내 욕심을 포기하고 하나님의 뜻에 자신을 복종시키는 행위이다.

우리의 기도는 주님이 가르쳐 주신 기도가 표준이 되어야 한다. 우리가 할 수 있는 최상의 기도, 기도의 전형은 예수님께서 우리에게 가르쳐 주신 기도이다. "너희는 기도할 때 이렇게 기도하라"고 하시면서 주님이 가르쳐 주신 기도이다. 우리가 기도해야 할 가장 중요한 기도는 하나님께서 추구하시는 최상의 목적을 위한 기도와 우리 자신을 위한 현실적, 영적 유익을 위한 기도이다. 이는 하나님의 뜻이 우리 개인적 목적을 위한 기도에 우선한다는 말이다. 그래서 주님의 겟세마네의 기도가 우리 기도의 전형이 되어야 한다. "내 원대로 마시옵고 아버지의 원대로 되기를 원하나이다"(눅 22:42)라고 했다. 이는 우리 인간에게 황금률로 주신 지상의 법칙 "너희는 먼저 그의 나라와 그의 의를 구하라"(마 6:33)는 말씀과 동일한 원리이다.

① 대표기도는 대표성이 있는 기도여야 한다

기도에는 예배나 집회 혹은 모임에서 회중을 대표하여 드리는 기도와 자신의 문제를 자신과 하나님과의 관계에서 드리는 개인기도로 나눌 수 있다. 중보기도 역시 개인적으로 하는 중보기도와 회중과 함께 하는 중보기도가 있다. 공중기도는 참여한 모든 회중의 간구를 대표하여 하나님께 기도의 제물로 드리는 것임을 기억할 필요가 있다. 공중기도는 대표하는 기도여야 한다. 자신의 개인적인 기도가 아니고 회중 전체를 대표하여서 하는 기도이므로 그 기도 내용이 회중의 기도를 대신할 수 있어야 한다. 회중의 공동 관심사, 공동의 염원을 기도해야 하고 그 모임의 목적이나 모임의 성격에 맞는 기도여야 한다.

물론 모든 회중이 한 가족이며 또 성도 한 사람 혹은 성도 한 가정의 문제가 교회공동체 전체의 문제가 될 때 한 개인의 기도나 가정의 기도가 공적인 기도가 될 수 있는 경우도 있다. 필자가 시무 중에 온 성도들의 공동체 의식을 세워 주고 성도 한 가정의 일은 그 가정만이 아니라 온 성도 교회 전체의 일로 인식하기 위한 공동체 의식 훈련을 위하여 예배를 "한가족 예배"로 드린 사례가 있다. 이때의 예배 기도는 기도 담당자의 가족 전부가 기도자로 나와서 자기 가정의 문제를 기도하게 했고, 회중은 그 가정 문제를 각자가 자기 가족의 문제로 받아들임으로 가족공동체 모두의 기도로 경험하게 한 일이 있다. 이 경우에도 중요한 것은 한 개인의 문제로서가 아니라 공동체 전체의 문제로 인식하게 하는 것이다.

② 준비하여 기도하라

㉠ 기도를 기도로 준비하라

어느 신학대학교의 총장이 자신의 제자가 시무하는 교회에 설교자로 초청을 받아서 갔다고 한다. 설교 시간이 되어서 강대상에 서니 강대상 위에 이런 글귀가 쓰여 있었다. "하루 3시간 이상 기도하지 않는 사람은 이 강단에 설 수 없다." 이 문구를 읽은 총장님은 참으로 난감했다. 왜냐하면 자신은 하루 2시간 정도는 기도하지만 3시간 기도는 못하였기 때문이다.

마음에 가책을 느낀 총장님은 아주 난감한 표정으로 그 교회 담임 목사와 의논을 했다. "난 사실 하루 2시간 정도는 기도하지만 3시간 은 못했는데 내가 설교를 할 수 있겠나. 내려가겠네." 그러자 담임목 사가 "총장님은 저의 은사시니 총장님은 오늘만 예외로 하겠습니다. 설교해 주십시오"라고 해서 참으로 미안하고 떳떳치 못한 마음으로 설교를 하였고, 설교를 하면서도 부끄러웠다고 한다. 그렇다. 목사 가 기도하지 않고 강단에 선다는 것은 불경이고 또 무책임한 것이다.

온 성도들을 대표하여 기도의 제물을 하나님께 드리기 위해 강대상 에 서는 장로 역시 마찬가지다. 철저히 기도로 준비하지 않고 성도들 을 대표하여 기도의 제물을 하나님께 올리는 귀한 일을 담당한다는 것 은 불경한 일이다. 철저한 기도의 준비를 한 장로만이 강단에서 온 성 도들을 대표하여 기도의 제물을 하나님께 드릴 수 있다.

기도의 준비를 말하면 일반적으로 어떤 기도문을 준비하느냐, 기 도문 작성을 어떻게 하느냐로 이해하지만 교인을 대표로 하는 예배 기 도의 준비란 기도문의 준비만을 의미하지 않는다. 그보다는 온 성도 들을 대표하여 하나님께 나아가는 자신의 마음을 영적으로 준비하는 것이다. 삶에서 생겨난 모든 부정적 찌꺼기들을 정리하고 생활에 대 한 염려와 욕심을 정리하여 거룩한 주님의 보좌 앞에 나아갈 영적 준 비를 하는 것이다.

기도 역시 자신이나 또는 교회공동체나 성도들의 육적 욕심을 이루기 위한 것이 아니라 도리어 그런 것들을 포기할 수 있는 기도의 마음을 준비하여야 한다. 하나님의 뜻을 구하여야 하고 자신의 뜻이 아니라 하나님의 뜻이 이루어지기를 기도할 수 있어야 한다. 인간의 각종 욕심이나 소원을 잔뜩 가지고 나가서 그것을 이루어 달라고 떼를 쓰는 것이 아니라 그 모든 것을 넘어 자신과 교회를 향한 하나님의 뜻을 구할 수 있는 거룩한 영적 준비가 바로 기도의 준비이고 이런 준비가 기도를 잘 준비하는 것이다. 마치 구약시대의 제사장들이 하나님께 나아가기 전에 자신을 위하여 정결 예식을 했듯이 장로의 기도 준비는 먼저 기도의 제물을 들고 하나님께 나아가는 자신의 영적 준비가 전제되어야 한다.

기도를 준비하면서 그 기도를 듣는 목사나 성도들의 반응이 어떨 것인가, 칭찬받을 기도인가 아닌가, 기도를 잘한다는 소리를 들을지 아닐지가 고려의 대상이 아니라 하나님이 그 기도를 받으실지 아닐지를, 하나님께 드려질 수 있는 기도일지 아닐지를 먼저 고려해야 한다. 기도의 대상은 하나님이시고 기도를 받으실 분 또한 하나님이시지 사람들에게 칭찬받고 인기를 얻기 위한 것이 아니다. 예배는 사람들을 위한 행사가 아니라 인간이 하나님께 드리는 최고의 경배이다. 그리고 기도자는 온 성도들의 기도의 향내 나는 제물을 가지고 하나님께 나아가서 성도들을 대표하여 그 기도를 하나님께 올려드리는 거룩한 제사장직을 행하는 자이다.

㉡ 영적 준비로 기도를 준비하라

기도자는 성령께서 기도를 통하여서 역사하실 수 있도록 먼저 영적인 준비가 되어 있어야 한다. 그 마음에 회개하지 못한 죄를 품고 있거나(시 66:18), 사람들에게 스스로를 경건한 척하거나, 남에게 잘 보이려는 생각으로 기도하지 말고 자신이 스스로 죄인임을 인정하고 겸손히 마음의 은밀함으로 하나님께 기도해야 한다(마 6:5-7). 중요한 것은 기도 역시 성령의 지배를 받고 성령의 인도하심을 따라 해야 한다(엡 6:18)는 것이다. 성령의 도움이 없이 신앙생활이 어렵듯 예배도 성령의 인도와 역사하심이 있어야 하고 기도 역시 성령의 도우심으로 해야 한다. 예배 대표기도자는 온 성도들의 간구를 가지고 회중을 대표하여 하나님께 기도의 제물을 바치는 기도의 제사장적 사명을 담당하는 것이므로 하나님 앞에 경건하고 경외의 태도로 나아가야 한다. 하나님은 거룩한 예배자의 기도를 받으시기 때문이다. 그러므로 그의 마음가짐이나 태도 그리고 내용은 물론 기도자의 음성조차도 거룩해야 한다.

기도하기 위하여 하나님 앞에 서는 장로는 자신의 영광이 아니라 하나님의 영광에 목적을 두어야 하고 겸허한 마음의 태도와 준비된 심령으로 하나님께 나아가야 한다. 무엇보다 하나님께 대한 신실하고 진정성 있는 믿음으로 나아가야 한다. 그리고 하나님의 사랑을 신뢰함으로 응답에 대한 확신을 가지고 기도로 나아가야 한다. 기도에 대한 영적 준비가 전제된 대표기도자로 자신을 드릴 수 있도록 준비해야 한다.

기도를 잘 준비하는 것이 기도를 바로 잘하는 것이다. 최고의 기도 준비는 철저한 회개를 통한 영적 준비이다. 기도자는 먼저 하나님 앞에 불순종한 자신의 죄를 회개해야 한다. 기도를 응답받을 수 없는 무서운 죄는 하나님 앞에서의 불순종한 자신의 삶이다. 하나님을 사랑한다면, 하나님의 사랑을 받기 원한다면 먼저 하나님 앞에 순종하는 삶이어야 한다. 따라서 불순종은 인간관계에서 범한 윤리적인 죄보다 훨씬 더 무서운 죄악이다. 이스라엘의 초대 왕 사울의 실패는 바로 불순종이 그 원인이었다. 하나님께서는 그의 종 사무엘을 통하여 불순종한 사울에게 불순종의 엄청난 결과를 선고하셨다.

"여호와께서 번제와 다른 제사를 그의 목소리를 청종하는 것을 좋아하심 같이 좋아하시겠나이까 순종이 제사보다 낫고 듣는 것이 숫양의 기름보다 나으니 이는 거역하는 것은 점치는 죄와 같고 완고한 것은 사신 우상에게 절하는 죄와 같음이라 왕이 여호와의 말씀을 버렸으므로 여호와께서도 왕을 버려 왕이 되지 못하게 하셨나이다"(삼상 15:22-23).

그의 불순종이 그가 하나님께 버림받은 원인이 되었다. 그래서 기도자는 먼저 자신의 삶에서 하나님께 순종하지 않은 죄를 회개함으로 기도를 준비해야 한다.

또한 자신의 모든 죄를 온전히 회개함으로 기도를 준비해야 한다. 시편 66편 18절에서는 마음에 죄악을 품고 있는 자, 곧 용서받지 못한 자의 기도는 하나님께서 듣지 않으신다고 한다. 이것은 물론 우리가 완벽하게 거룩하여야 한다는 의미는 아니다. 죄에 대한 회개 없이 그 마음에 죄를 품고 있으면서 기도하는 것은 응답을 기대할 수 없는 기도라는 말이다. 우리는 시시때때로 죄와 잘못을 내어놓고 주님의 십자가의 은혜로 용서를 받고 자신의 심령을 정리해야 한다.

더욱 더 온전한 기도를 위해 하나님 이외에 절대시하는 다른 우상을 제하여야 한다. 꼭 어떤 타종교의 신을 섬긴다는 의미가 아니라 하나님보다 더 중히 여기고 해결하지 못한 욕망을 정리해야 한다는 말이다. "탐심"은 우상숭배(엡 5:5)라는 말씀처럼 하나님보다 더 중히 여기는 부끄러운 세상의 욕망들을 정리하라는 말이다.

또한 성경말씀은 우리가 온전한 기도를 위하여 남을 용서하지 못하는 분노를 먼저 해결하라고 한다. 주님께서 기도를 가르쳐 주시면서 "우리가 우리에게 죄 지은 자를 사하여 준 것 같이 우리 죄를 사하여 주옵시고"라고 기도하라고 하셨다. 그리고 "너희가 사람의 잘못을 용서하면 너희 하늘 아버지께서도 너희 잘못을 용서하시려니와 너희가 사람의 잘못을 용서하지 아니하면 너희 아버지께서도 너희 잘못을 용서하지 아니하시리라"(마 6:14-15)고 가르쳐 주셨다.

우리의 기도가 하나님의 응답을 받기 위해서는, 그리고 온 성도들을 대표하여 기도의 제물을 올려드리는 기도의 제사장적 책임을 감당하기 위해서는 철저히 자신의 영적 준비가 필요하다. 그것은 하나님께 드리는 기도가 막히지 않고(벧전 3:7) 응답받기 위함이다. 하나님의 무력함 때문이 아니라 우리의 준비가 안 된 부적절한 기도가 응답을 가로막는다. "여호와의 손이 짧아 구원하지 못하심도 아니요 귀가 둔하여 듣지 못하심도 아니라 오직 너희 죄악이 너희와 너희 하나님 사이를 갈라 놓았고 너희 죄가 그의 얼굴을 가리어서 너희에게서 듣지 않으시게 함이니라"(사 59:1-2)고 말씀하신다.

그 외에도 건강하지 못한 가정생활이나(벧전 3:1-7), 생활의 부도덕, 바르지 못한 인간관계(마 5:23-24)를 정리하는 등 철저한 영적 준비가 전제된 기도로 하나님께 기도해야 한다.

③ 목적에 맞는 구체적인 기도를 하라

기도를 인도한다는 것은 그 예배에 참여한 성도들을 대표해서 간구의 제물을 하나님께 올려드리는 일이기 때문에 그 예배에 참여한 성도들의 간구를 대신해야 되고 또 예배의 목적에 맞게 하나님께 기도를 올려드려야 한다. 자신의 개인적인 기도가 아니라 참여한 성도들을 대표한다는 마음으로 회중의 기도를 대신하여 드리는 중보기도이기 때문이다.

특히 예배 기도는 예배를 위한 기도여야 한다. 예배 기도에 개인적인 기도나 성도들을 위한 축복기도가 아닌 예배를 위한 기도, 하나님께 온전히 예배할 수 있도록 해 달라는 예배의 목적에 맞는 기도가 중요하다. 감사예배는 감사의 기도를 드려야 하고, 행사를 위한 기도는 그 행사에 맞는 기도를 드려야 한다. 기도를 통하여 자기주장을 펴거나 설교를 하듯 하는 기도나 예배에 맞지 않는 기도를 드리는 것은 내용이 좋고 유창하게 하는 기도라고 해도 대표기도라고 할 수 없다.

예배를 위한 기도는 예배를 바로 잘 드릴 수 있기를 위한 기도여야 하고, 식사 기도는 식사에 대한 감사를 위한 기도여야 하고, 심방을 위한 기도는 심방을 위해 기도해야 한다. 그 정황에 맞게 참여한 모든 이들의 기도를 대표하여 때에 맞고 목적에 맞는 기도를 드려야 한다.

응답받기를 원하는 바른 기도는 기도가 구체적이어야 한다. 대표기도뿐 아니라 개인적인 기도도 마찬가지이다. 죄를 용서받기 위한 기도는 구체적으로 언제 지은 무슨 죄의 용서를 구하는지가 구체적이어야 하고, 감사기도를 하려면 막연히 감사하다는 것이 아니라 무엇이 감사한지의 내용을 아뢰어야 한다. 물론 기도가 때로는 마음에 즉흥적으로 떠오르는 간구나 감사나 회개도 가능하지만 적어도 대표기도는 구체적이고 분명하고 진정성이 있어야 한다.

④ 신앙적인 기도를 하라

개인적으로 드리는 기도는 일정한 형식이 없어도 된다. 특히 개인의 탄원기도나 간구의 경우 기도의 형식을 따라 기도할 수는 없다. 즉흥적일 수도 있다. 그러나 공예배 시의 대표기도는 일정한 형식을 따라야 한다. 회중과 함께하는 기도이기 때문이다.

대표기도는 간결하고, 분명하고, 직접적이고, 어법에 맞는 기도여야 한다. 더욱 더 중요한 것은 기도가 신앙적이어야 한다는 것이다. 대표기도의 경우에는 교리에 맞고 기독교 윤리와 도리에 맞는 기도여야 한다. 무엇보다 기도의 내용이 신앙적이어야 한다. 이기적 욕심이나 윤리적 문제가 있거나 또 보편적이지 못한 기도는 대표기도일 수 없다. 신앙적 목적에 맞지 않는 기도는 예배의 대표기도로서의 공적 기도가 될 수 없다.

기도 역시 성도의 신앙고백적 의미가 있기 때문에 거룩한 소망을 간구하도록 해야 한다. 신앙적이지 못한 세속적 욕망의 기도는 하나님의 영광을 가릴 뿐 아니라 범죄가 될 수 있음을 기억해야 한다. 상대가 있음에도 불구하고 자기편만을 위한 기도라든지 다른 집단에 해를 끼치는 기도는 대표기도로서의 가치가 없다. 기도는 철저히 신앙적이고 보편적이며 하나님의 편에서 공정하고 거룩한 기도여야 한다.

3) 장로와 헌금

장로는 치리와 권징뿐 아니라 교회를 실제로 이끌어 가야 하고 교회라는 공동체의 운영을 책임진 직분자로서 실제적인 재정에 관한 권리와 의무도 가지고 있다. 재정이 풍부한 교회일 경우에는 그 재정을 바로 관리 운영해야 할 책임이 있고, 재정이 부족한 교회의 경우 필요한 사역을 위한 재정 충당에 대하여도 책임을 져야 하는 직분이다. 사실 규모가 작은 교회일 경우 장로가 교회 전체의 운영을 책임져야 하는 경우도 많다.

필자가 어릴 때 다녔던 교회는 재정적으로 열악한 교회였다. 교인도 몇 명 되지 않았을 뿐 아니라 모두가 경제적으로 어려운 형편이었기에 집사님(후에 장로가 됨) 한 분이 교회 운영을 거의 책임을 졌다. 물론 당시에는 교역자 생활비 이외에는 특별히 지출하여야 할 재정 부담이 많지는 않았지만 그래도 공동체가 운영되기 위해서는 일정한 재정이 필요했다.

교인들이 자립하여 운영하기에는 역부족이어서 해마다 교회 초가 지붕을 덮을 짚은 교인들이 각자의 집에서 가져왔고, 그것을 엮어서 지붕을 덮는 작업은 동네 어른들의 봉사로 가능했지만 그래도 최소한의 경비는 필요했다. 주일이나 수요일 등 밤에 교회에 불을 밝히기 위해서 램프를 구입하고 등유를 구입하는 일 등 최소한의 운영 경비가 필요했을 것이고, 주일학교 기본 학습교재나 교육자료 구입비 그리고 교회 절기 행사 등을 위해서도 아마 상당한 재정이 필요했을 것이다. 가장 큰 부담은 매주 토요일에 오셔서 주일예배를 인도하고 월요일에 학교로 돌아가시는 전도사님(당시 신학생으로 기억하고 있다)의 교통비와 사례비였다. 그런 모든 경비를 당시 정미소를 경영하는 비교적 부유한 그 집사님이 거의 다 부담한 것으로 기억된다. 교인 수가 적어서 장로로 장립되지는 못했지만 실제로는 교회 장로의 역할을 그분이 다 감당하셨다.

당시는 교회에서 운영을 책임질 지도자가 되고 장로가 된다는 말은 교회 운영과 관리에 필요한 거의 모든 일, 특히 재정을 도맡아 책임을 지는 직임으로 생각했고 사실 장로 혹은 책임 있는 집사 몇 분에 의하여 교회가 운영되었다. 좋은 의미로 "돈이 있어야 장로를 할 수 있다"는 이야기도 나올 수밖에 없었다. 물론 돈으로 직분을 산다는 뉘앙스를 가진 오늘의 이야기와는 다른 의미였다.

아마 지금도 작은 개척교회에서는 장로가 교회 운영의 책임을 져야 하는 경우도 많을 것이다. 예나 지금이나 장로가 된다는 말은 교회의 재정적 책임을 진다는 의미이기도 하다. 풍부한 교회는 신앙적으로 잘 관리해야 할 책임이 있고, 부족한 교회는 운영할 재정 충당의 책임이 있다.

따라서 장로는 하나님을 향한 헌신의 의미로서의 헌금에 대한 신앙적 바른 태도와 재정 관리에 대한 사회적 책임도 함께 지는 직분이라고 할 수 있다. 일반 성도들은 자신의 신앙만 잘 지키면 된다. 주일을 성수하고 교회를 봉사하고 전도나 사역의 일정 부분에 함께하는 수준만으로도 좋은 신자가 될 수 있지만 장로는 자기 신앙뿐 아니라 성도들의 신앙도 돌아보아야 한다. 특히 교회라는 공동체를 운영하고 이끌어 가야 하는 책임도 함께 져야 한다. 따라서 장로에게는 이 헌금과 재정 관리라는 아주 중요한 책임이 주어진다.

장로는 헌금에 대한 바른 이해와 교회의 예산 계획, 재정 관리와 집행과 사용에 대하여 바른 이해를 가지고 있어야 한다. 재정 관리 역시 중요한 교회 치리이기 때문이다.

(1) 헌금이란?

헌금은 하나님께 돈만을 드리는 것이 아니라 자신의 삶, 곧 자신을 드리는 것이다. 그것은 교회에 돈을 내는 것이 아니라 자신의 가장 소중한 것을 주신 하나님, 나를 위해 자신의 전부를 주신 하나님께 자신을 드리는 표이다. 그래서 헌금은 찬조나 기부가 아니고 회비나 의무금도 아니다. 헌금은 자신을 드리는 헌신의 표현이다. 예수님의 말씀처럼 "하나님의 것을 하나님께 드리는 것"(막 12:13-17)이다. 구약시대부터 사람들이 하나님께 나아갈 때는 예배의 제물을 가지고 나아갔다. 예배의 제물은 자신을 드리는 표였고 특히 번제 예물은 자신의 생명을 바친다는 의미가 있었다.

요즘 사회나 교회 일각에서 헌금에 대하여 여러 이론이 제기되고 있다. 헌금이 하나님께 드리는 제물이 아니고 교회에 내는 헌물일 뿐이라는 주장이다. 구약시대의 헌물은 하나님께 드리는 제물이 아니라 제사장 레위지파 사람들을 위한 헌물이었고, 지금의 헌금도 하나님께 드리기보다는 목사의 생활비나 교회 운영을 위하여 드리는 헌물이라는 주장이다.

그러나 그것이 비록 목사의 생활이나 교회 사역을 위하여 쓰인다고 해도 하나님을 향한 헌신의 마음으로 드리는 우리의 헌금은 계속하여 거룩한 것이고 특히 하나님께 대한 감사와 헌신으로 바치는 예물은 하나님께 드리는 제물이라고 할 수 있다. 물론 그 헌금이 하나님의 영광과 하나님의 뜻을 위하여 쓰여야 한다는 전제를 가지고 있다. 그래서 헌금은 성경적인 전통에서 나온 것이고 신앙적인 목적이 있음을 기억할 필요가 있다. 헌금은 의무감이나 체면으로 억지로 드리기보다는 마음에 정한 대로 기쁨으로 드리는 것이 중요하다(고후 9:7). 실제로 자신의 가장 소중한 물질을 하나님께 드린다는 것은 믿음 없이는 불가능하다. 믿음으로 드리는 헌금은 하나님을 영화롭게 할 것이고 하나님은 그런 헌신을 제물로 받으시고 은혜를 내려주실 것이다. 헌금은 실질적으로 주님을 섬기는 가장 구체적인 증거이다.

헌금은 자신의 신앙고백, 자신의 옥합을 깨트리는 것(마 26:7)이다. 헌금에는 자신의 생명을 드리는 정신(고후 8:5)이 들어 있어야 한다. 헌금은 하나님께 돈을 드리는 것이 아니라 자신을 드리는 것이고 자신의 삶을 드리는 것이기 때문이다. 삶의 열매를 드리는 것이다. 자신의 모든 소유, 자신이 가진 모든 능력이 다 하나님의 것임을 고백하는 표현이 헌금이다. 헌금은 목사에게 또는 교회와 교회 재정부에 드리는 것이 아니다. 자신을 창조하시고 지명하여 부르시고 자녀 삼아주신 하나님께 나 자신을 드리는(헌신) 표시로 드리는 것이다. 나를 위해 자신을 주신 주님께 주님이 주신 자신의 생명을 드리는 표로 바치는 고백의 예물이다.

성경은 "너희를 위하여 보물을 땅에 쌓아 두지 말라 거기는 좀과 동록이 해하며 도둑이 구멍을 뚫고 도둑질하느니라 오직 너희를 위하여 보물을 하늘에 쌓아 두라 거기는 좀이나 동록이 해하지 못하며 도둑이 구멍을 뚫지도 못하고 도둑질도 못하느니라 네 보물 있는 그 곳에는 네 마음도 있느니라"(마 6:19-21)고 하신다. 헌금이 곧 자신의 보물을 하늘에 쌓아 두는 것이기도 하다.

모든 성도는 하나님께 헌금을 드려야 한다. 하나님은 천국에서만이 아니라 지금 여기 우리의 현재적 삶의 현장에서도 영적으로나 육적으로 삶의 근원이고 축복이시다. 우리가 소유한 물질뿐 아니라 능력이나 재능이나 생명까지도 다 하나님께서 주신 것이고 하나님으로부터 받은 것이다. 우리의 지난날이 하나님의 인도와 보호였듯이 지금 삶 역시 주님 안에 있고 미래 역시 주님의 장중에 있고 장래의 모든 삶은 주님을 의지할 수밖에 없고 주님의 돌보심을 바라볼 뿐이다.

그래서 성도들은 지금 자신이 소유한 모든 것을 청지기 정신으로 사용해야 한다. 가진 모든 것을 하나님의 뜻을 따라 사용해야 하고 하나님의 나라와 주님의 몸 된 교회를 위하여 그리고 주님의 명령에 순종하기 위하여 거룩하게 사용해야 한다. 그래서 헌금은 사람이 하나님의 뜻을 이루고 순종하기 위한 가장 적절한 방법이다. 그런 의미에서 헌금은 자신을 하나님께 드리는 제물이라고 할 수 있다. 헌금은 성도들의 하나님을 섬기는 방법이고 의무라고 할 수 있다. "주머니가 회개하지 않은 사람의 회개는 믿을 수 없다"고 한 웨슬리의 말을 새겨들을 필요가 있다.

사실 누가 뭐래도 진정으로 하나님을 사랑한다면 헌금에 인색할 수 없다. 물질이 있는 곳에 마음도 있듯이 하나님에 대한 사랑은 하나님을 향해 더 많은 헌신의 필요를 느끼고 헌신은 늘 물질 곧 헌금으로 표현되기 때문이다.

헌금이 자신의 믿음을 더욱 더 뜨겁게 하고 믿음을 향상시키는 것도 사실이다. 믿음이 식으면 헌금도 식고, 믿음이 뜨거워지면 헌신의 열정도 더 뜨거워진다. 헌금을 드리는 것은 돈만이 아니라 그의 마음도 함께 드리는 것이기 때문이다.

특히 치리와 권징 곧 실제적 교회 운영을 담당하고 교회를 이끌어가는 장로는 헌금생활에 모범을 보여야 한다. 헌금의 영적·신앙적 의미에 대한 확실한 고백이 있어야 한다. 헌금에 대한 겸손과 최선을 다하는 드림, 그리고 드린 헌금의 관리와 사용이 신앙적 헌신임을 헌금생활을 통하여 보여주어야 한다. 장로들의 헌금에 대한 인식과 바른 이해와 태도는 모든 성도의 헌금생활에 지대한 영향을 줄 수 있기 때문이다. 헌금이 목회자나 직원들의 사례비(인건비)와 교회 관리 운영 그리고 사역 경비 등 교회의 현실적 목적을 위하여 사용된다는 이유로 헌금을 단지 교회 운영 경비를 위한 회원들의 의무 부담금이나 교회 운영비 충당을 위한 모금 정도로 잘못 이해해서는 안 된다. 하나님을 위하여 드리는 헌금은 다 하나님께 드리는 제물이다.

(2) 헌금의 기준

헌금은 얼마를 드려야 하는가? 아마 헌금을 드리는 거의 모든 성도들이 헌금을 드릴 때 갖는 생각일 것이다. 대답은 간단하다. 헌금은 믿음대로 드리면 된다. 철저한 계산보다는 믿음의 결단으로 드리면 된다. 물론 언제나 자신의 능력대로 드려야 한다. 하나님은 우리 능력에 비해 지나친 헌금을 요구하지 않으신다. 헌금은 계산하여 드리기보다는 믿음으로 드리면 된다. 능력껏 드리는 헌금을 주님은 칭찬하셨다(막 12:44).

헌금은 자신의 것을 하나님께 드리는 것이 아니라 하나님의 것을 하나님께 드리는 것이다. 헌금은 자신의 것을 가지고 하나님께 선심을 쓰는 것이 아니라 하나님께 돌려드리는 것이다. 하나님께서는 성경의 여러 곳에서 물질이 하나님 자신의 것임을 말씀하셨다(레 27:30-32; 말 3:8-9; 마 22:21).

일반적으로 헌금의 기준은 십일조이다. 이는 성경말씀에서 십일조가 하나님의 것인 동시에 축복의 방법이라고 가르쳐 주셨기 때문이다. 말라기 3장 7~9절에서는 십일조를 드리지 않는 것을 하나님의 것을 도둑질하는 것으로 간주하셨다. 그리고 그것이 그들에게 저주가 되었다고 말씀하신다. 그러면서 시험 삼아서라도 십일조를 드려 보면 그것이 복이 되는지 아닌지 알 수 있다고 말씀하신다. 사실 하나님께서는 하나님을 시험하지 말라고 명하셨고(신 6:16), 예수님께서도 주님을 시험하려는 사탄을 향하여 하나님을 시험하지 말라고 명하셨다(마 4:7). 또한 하나님은 악에게 시험을 받지도 아니하시고 친히 아무도 시험하지 아니하신다(약 1:13)고 하셨지만 여기서 이 문제만은 하나님께서 직접 시험해 보라고까지 말씀하셨다. 십일조를 드리지 않은 것이 저주의 원인이었고 저주에서 해방되어 축복의 사람이 되는 방법은 십일조를 드리는 것이라고 강하게 말씀하셨다.

여기서 중요한 것은 헌금을 드리는 사람의 감사한 마음이며 헌금의 헌신 정신이다. 하나님은 헌금의 액수보다 헌금을 드리는 사람의 마음을 받으시고 기뻐하신다. 그래서 헌금의 최고의 기준은 자신의 신앙이다. 바울은 "각각 그 마음에 정한 대로 할 것이요 인색함으로나 억지로 하지 말지니 하나님은 즐겨 내는 자를 사랑하시느니라"(고후 9:7)고 하셨다.

(3) 헌금의 자세

하나님은 헌금 액수의 다소보다는 헌금하는 자세 곧 헌금하는 사람의 마음을 보신다. 또한 하나님께서는 흠 없는 헌금을 받으시기 원하신다. 받은 사랑으로 고백되는 물질을 원하신다. 체면이나 가식이 아니라 사랑의 고백으로 드리는 헌금을 받으신다. 각각 그 힘대로 드리는 헌금을 기뻐하신다. 성경은 각각 그 마음에 정한 대로, 인색함으로나 억지로 하지 말고 즐겨(기쁜 마음으로) 내는 자를 사랑하신다(고후 9:7)고 하셨다. 더 많이 받기 위한 욕심으로 하는 투자(눅 6:34-35)로 생각하는 헌금도 하나님이 기뻐하시는 제물일 수 없다.

물론 장로의 헌금은 하나님께 드리는 순수한 헌금 정신도 중요하지만 성도들의 모범이라는 측면도 고려되어야 한다. 성도들은 장로를 눈여겨본다. 장로의 헌금 태도나 액수까지 말이다. 장로의 헌금에 신앙의 도전을 받기도 하고, 장로의 헌금 태도에서 자신의 부족함에 대한 변명의 조건을 찾기도 한다. 그래서 장로의 헌금 태도가 성도들의 헌금생활의 기준이 될 수도 있다. 장로는 헌금에서도 모범이 되고 지도력을 가져야 한다.

성경은 믿음의 조상 아브라함을 십일조를 드린 본보기로 설명하였다(히 7:1-10). 예수님께서도 비록 적은 액수이지만 자신이 가진 것의 전부를 드린 한 가난한 과부를 칭찬하셨다(막 12:41-44). 또한 오순절 이후에는 풍성히 드린 예루살렘 교회 성도들의 헌금으로 인하여 조대 교회가 풍성해서 많은 구제를 할 수 있었으며(행 4:34-37), 마게도니아 교회 성도들의 풍성한 헌금(고후 8:1-6)을 칭찬하기도 하셨다. 이를 미루어 볼 때 하나님은 성도들의 헌금을 기뻐하시고 복을 주시며, 교회의 선교와 봉사 등의 사역이 성도들의 헌금을 통하여 풍성하게 될 수 있음을 가르쳐 주고 있다.

그래서 우리는 성경말씀에서 온전한 헌금이 하나님을 영화롭게 하며 우리의 온전한 믿음의 고백과 하나님의 영광을 위하여 헌금을 해야 하며 헌금을 통하여 교회 사역이 풍성해질 수 있음을 배운다. 우리가 드리는 헌금은 복을 받기 위한 수단이거나 사역을 위한 의무로 드리는 것이 아니라 순전히 감사함으로 나 자신을 하나님께 드리는 헌신의 표현으로 드려야 한다.

특히 유의해야 하는 것은 흠 없는 헌금을 드려야 한다는 것이다. 하나님은 흠 없는 제물을 요구하신다. 하나님께 드릴 제물은 흠이 없는 것으로 처음 난 짐승이나 첫 곡식으로 드리라고 하신다. 이 말은 출생의 순서나 제물의 튼실함을 의미하기보다는 가장 좋은 것, 깨끗하고 흠이 없는 제물을 원하신다는 말이다. 하나님은 거룩하신 분이기에

"흠이 없는" 제물(성물)만을 받으신다(레 22:17-33).

이 말씀을 오늘에 적용한다면 하나님께 헌금을 드릴 때 떳떳하지 못한 돈으로 드리는 헌금은 하나님이 받지 않으신다는 말이다. 헌금은 정직하고 깨끗하게 번 돈을 드려야 한다. 부정하게 번 돈은 하나님께 헌금으로 드릴 수 없다. 왜냐하면 하나님은 거룩하시기 때문에 헌금도 거룩한 제물로 드려야 한다.

하나님께 드리는 헌금은 드리는 목적이나 의도 역시 거룩해야 한다. 자신의 의를 나타내기 위하여 드리거나 교회에서의 자신의 영향력을 높일 목적으로 드리거나 마치 투자를 하듯이 더 많은 것을 받기 위한 목적으로 드리는 헌금 등 불순한 헌금은 받지 않으신다. 헌금은 기쁨과 감사로 드려야 한다. 물론 예배, 전도, 교육, 봉사, 교제가 다 거룩하여야 하고 감사함으로 드리는 봉사가 되어야 한다. 무엇인가 대가를 바라고 바치는 헌금은 온전한 헌금이 아니다.

(4) 헌금의 관리와 사용

일반적으로 교회 재정 집행은 제직회 담당이고 제직회 사역 부서에서 헌금을 주로 사용하고 있으나 교회 치리를 담당하는 당회와 장로들 역시 교회 재정 집행을 감독하고 지도해야 할 중요한 책임을 가진다. 교회 관리나 사역을 위해 부족한 재정을 충당해야 하는 것은 물론 재정 사용에 대해서도 무거운 책임을 가진다. 재정 역시 중요한 교회 치리이기 때문이다. 따라서 장로는 재정 집행과 재정 관리에 대한 청지기 의식을 가지고 임해야 한다.

바울은 "맡은 자들에게 구할 것은 충성이니라"(고전 4:2)고 하였다. 이는 모든 직분, 모든 봉사자들에게 명하신 말씀이다. 교회에서 직분이든 직임이든 무엇인가를 맡았다면 최선을 다하여 충성스럽게 감당해야 한다는 말이다. 충성스럽다는 말은 열심히 하라는 의미와 더불어 바르게 하라는 의미이다. 바르게 하나님의 뜻에 맡게 최선을 다하여야 한다. 특히 교회의 여러 직임 중 헌금을 관리하는 담당자나 사용하는 모든 사역자들이 교회 재정에 있어서는 진정성 있는 충성이 요구된다. 성경은 불의한 청지기의 대표적 인물로 가룟 유다를 말하는데 그는 "돈을 맡아 자기 유익을 위해 사용한 불의한 청지기"라고 말한다.

교회는 거룩한 그리스도의 몸이다. 그리스도를 머리로 한 거룩한 공동체라는 말이다. 그러기에 교회는 하나님의 통치가 행사되어야 하는 이 땅에 존재하는 하나님의 나라이다. 그러므로 교회의 모든 관리나 행사, 사역까지 전부가 다 하나님의 통치 아래 있고 하나님의 뜻이 구체적으로 표현되어야 하고 또 이루어져야 한다. 성도들의 헌신으로 드려진 헌금 역시 하나님의 뜻 안에서 관리되고 사용되어야 한다.

교회의 운영 역시 인간적인 경영 방법이나 관리 방법으로 움직여져서는 안 되고 인간의 경제 개념이나 재산 관리의 개념으로 관리되지 않아야 하고 그것을 통하여 하나님의 뜻이 이루어져야 한다. 성도들의 헌금 행위가 거룩하듯이 관리나 사용 역시 거룩한 예배 행위가 되어야 한다. 신앙고백적 생각으로 관리되고 사용되어야 한다. 교회 재정은 결코 오용되어서는 안 된다. 그것은 하나님의 거룩성의 훼손이기 때문이다.

헌금 드림이 하나님을 향한 인간의 공로가 아니듯이 헌금 사용 역시 인간의 권리가 아니다. 그래서 헌금 사용은 정말 신중하고 거룩하여야 하고 적은 액수의 돈이라도 거룩하고 두려움으로 사용되어야 한다.

① 신앙적 예산 계획

재정 관리는 지출뿐 아니라 재정 예산에서도 거룩성이 담보되어야 한다. 바로 잘 사용하기 위해서는 계획 역시 바로 되어야 하기 때문이다. 교회 재정의 불필요한 낭비를 막고 거룩한 재정이 교회 관리나 사역을 위하여 거룩하게 사용되기 위해서는 사용 계획부터 정확하고 신앙적이어야 한다. 그러기 위하여 당회는 예산위원회를 구성하여 철저히 예산을 세우고 그 예산을 따라 재정이 지출되고 사용되도록 관리해야 한다. 일반적으로 교회는 각 사역의 대표나 전문가 집단으로 예산위원회를 구성하고 그 예산위원회에서 입안된 예산을 당회에서 철저하게 잘 검토하고 제직회 승인을 거쳐서 공동의회에서 최종 승인을 받아서 집행이 되도록 제도적 장치를 마련하였다.

예산은 목회적 시각으로 계획되어야 한다. 예산 계획이 목회를 위한 가장 중요한 사역이다. 교회 사역이 인사와 재정을 통하여 시행되기 때문이다. 따라서 예산 편성은 목회의 성패를 좌우하는 기본이므로 목회적 차원에서 예산을 다루어야 한다. 예산 계획이 교회를 세우는 가장 중요한 섬김이 되어야 한다. 따라서 아래 사항을 유념해야 한다.

예산 계획 역시 신앙을 고백하는 마음으로 세워야 한다. 예산 계획은 헌신으로 드린 교인들의 헌금을 어떻게 하나님의 뜻대로 사용하는가를 결정하는 것이다. 그러므로 예산 계획은 하나님께 드려진 헌금을 다시 하나님을 위하여 어떻게 드리는가를 결정하는 것이라고 할 수 있다. 중요한 것은 예산 계획은 사역의 필요에 따라 계획되어야 한다는 것이다. 예산 계획은 재정을 부서별로 공정하게 나눠주는 분배의 원칙에 따르는 것이 아니라 사역을 위한 준비를 하는 것이다. 따라서 부서별 형평의 원칙보다는 사역의 형평의 원칙을 중시해야 한다. 교회 전체를 바로 세워가는 안목으로 예산을 편성해야 한다.

교회 예산은 먼저 지출 계획을 세우고 그 지출 계획에 맞추어 수입 계획을 세운다. 수입을 먼저 계획하고 지출을 계획하는 일반적 통념의 예산 원칙과 다르다. 교회 예산은 교회 운영과 사역을 위하여 꼭 필요한 예산의 규모를 먼저 정하고 그 규모의 예산 조성을 어떻게 할 것인가를 결정해야 한다. 수입에 맞게 지출 계획을 세우는 세상 다른 기관의 재정 운영과 교회 재정의 차이점이 바로 이것이다. 돈이 있으면 사업을 한다는 것이 아니라 일을 위하여 필요한 돈을 어떻게 조성할 것인가를 계획하는 것이 교회의 예산 수립 방법이다. 주님의 몸이며 신령한 공동체인 교회는 먼저 할 일을 정하고 그 할 일을 할 수 있도록 헌신하고 하나님의 복을 기다리는 것이다. 그래서 교회 재정 계획은 수입된 재정을 어떻게 쓸 것인가를 계획하는 것이 아니라 당해 연도에 교회를 위하여 어떤 사역을 할 것인가를 먼저 생각하고 그 사역에 필요한 재정을 어떻게 충당할 것인가를 계획하는 것이 중요하다.

교회 예산은 교회의 비전과 목적을 따라 예산을 수립하게 된다. 재정은 반드시 목회 비전과 목적을 따라 계획되어야 하고 또 집행되어야 한다. 예산 계획이 교회의 위상을 결정한다는 것을 기억하고 예산 계획을 세워야 한다. 그리고 교회 재정은 생산적인 방법과 원칙으로 집행한다. 교회 각 부서의 예산은 소비성 지출은 줄이고 사역을 위한 생산적 지출을 중심으로 예산을 계획한다.

예산위원들이나 당회원들은 경제적 시각이나 가치보다는 믿음으로 예산을 계획하여야 한다. 하나님께서 어떤 일에 교회 예산을 투입하는 것을 기뻐하실지를 생각해야 한다. 세상 단체는 이익을 목적으로 돈을 투자하지만 교회는 하나님의 일을 위해 돈을 써야 한다. 교회는 사실 생산 조직이 아니라 소비 조직이다. 하나님이 주신 물질을 하나님의 영광을 위해 어떻게 바르게 사용할 수 있을까를 계획하는 것이 교회의 예산 수립이다. 예산 수립이나 교회의 사업 계획은 교회 지도자들이 하고 싶은 일이 아니라 하나님께서 하실 일에 대하여 순종하는 마음으로 해야 한다. 하나님께서 당해 연도에 교회를 통하여 무엇을 하시기를 원하시는지 기도하며 예산을 계획하여야 한다. 그래서 참으로 중요한 것은 교회 예산은 돈부터 생각하지 말고 해야 할 일부터 계획해야 한다. 수입부터 계획하지 말고 지출부터 계획하고 꼭 해야 할 일은 하도록 계획한다.

② 신앙적 예산 집행

㉠ 재정 집행의 거룩성과 투명성

교회 재정 집행에 대하여 가장 중시해야 할 것은 신뢰성이다. 성도들이 믿음의 고백으로 하나님께 드린 헌금의 사용과 집행이 교회를 통하여 바르고 정확하게 집행된다는 신뢰가 교회를 든든히 세운다. 그래야 성도들이 마음 놓고 헌금을 드리고 장로들의 교회 치리에 순종할 수 있게 되기 때문이다. 신뢰성을 높이는 것이 바로 집행의 거룩성과 투명성이다. 재정 집행 자체가 하나님의 성물을 다룬다는 거룩하고 경건한 의식이 필요하다. 그래서 교회 재정 흐름을 누구나 알 수 있도록 투명하게 관리하여 그 신뢰성을 확보해야 한다.

헌금은 그 계수부터 사역의 필요에 따라 지급되고 각 부서에서 사용하기까지 모든 헌금 흐름이 투명해야 한다. 또 헌금을 관리하는 담당자들의 헌금에 대한 태도 역시 거룩하여야 한다. 계수부터 경건한 마음으로 정한 시간에 기도함으로 해야 하고 지급하는 재정부나 회계 집행자 역시 하나님의 청지기로 하나님의 것을 지급한다는 거룩한 의식을 가져야 하고 사역비를 수령하는 부서 회계 책임자나 집행자 역시 하나님으로부터 사역비를 하사받는다는 마음으로 받고 사용해야 한다. 자신들이 철저히 하나님의 심부름꾼 곧 청지기라는 신앙적 의식을 가져야 한다. 재정 담당자들이 마치 자기 돈을 나누어 주는 것 같은 잘못된 생각이나 수령자 역시 자기 몫을 찾아가는 정도의 생각을 갖는다면 이는 심히 불경한 처사이다.

헌금 드림이 신앙고백이며 성도에게만 주어진 특권인 것처럼 공정하고 투명하게 사용되어야 한다. 특히 목적에 맞게 사용함으로 교회가 물질적으로도 하나님을 영화롭게 해야 한다. 주님의 지상 명령 수행에 부족함이 없고 사람을 살리고 세우는 교회 사역에도 풍성하기 위하여 교회는 헌금에 대한 바른 인식과 거룩한 사용을 위한 신앙적 노력과 제도적 장치를 가질 필요가 있다. 그리고 장로의 치리와 권징은 교회 재정에서도 정확히 이루어져야 한다. 공정한 재정 사용으로 하나님을 영화롭게 하고 교회의 거룩성을 세상에도 보여주어야 한다.

ⓛ 재정 사용의 합목적성

교회의 재정을 관리하는 재정 담당자나 사역을 위해 헌금을 사용하는 사역자가 우선적으로 고려할 것은 바로 교회 재정을 하나님의 뜻을 따라 관리하고 사용해야 한다는 것이다. 교회 재정 관리나 재정 사용 그 자체가 신앙행위여야 한다. 한 달란트 받은 "악하고 게으른 종"처럼 과도하게 아껴서 무조건 안 쓰는 것만이 능사가 아니고 집 나간 둘째 아들처럼 불필요하게 오용해도 안 된다. 꼭 필요한 곳에 적절하고 효과적으로 사용해야 하고 재정의 흐름이 투명해야 한다.

믿음의 고백으로 드려진 헌금은 성도들의 신앙고백에 맞도록 그 집행 역시 거룩해야 하고, 사용 목적 역시 거룩해야 한다. 무엇보다 헌금은 바른 목적으로 사용되어야 한다. 아무리 투명해도 재정 집행이 교회의 본래적 사명을 위하여 지출되지 않고 비본래적 목적을 위하여 쓰일 경우 하나님께 대한 범죄요, 성도들의 헌금과 신뢰에 대한 배신이 된다. 재정을 집행하는 회계 책임자나 사용하는 모든 사역자들은 "이 헌금이 하나님의 뜻에 맞게 사용되고 있는가?"에 대한 정확한 대답을 가져야 하다. 헌금의 합목적적인 집행이야말로 헌금을 거룩하게 사용하는 것이다. 생명을 드리는 마음으로 드린 헌금이 무용한 일에 혹은 집행 담당자나 교회 안에 힘 있는 사람들(당회원을 포함한)에 의하여 잘 못 사용되지 않도록 재정 집행에는 언제나 재정의 합목적성이 검토되어야 한다. 재정 사용의 실수는 교회 성도들은 물론 하나님을 향한 반역이 될 수 있다는 무거운 책임감을 가져야 한다.

ⓒ 공적으로 인정된 원칙과 제도

교회 재정은 예산위원회에서 적절한 예산 계획을 당회와 제직회를 거쳐서 공동의회에서 최종 승인받아 사용한다. 곧 헌금을 드린 성도들이 공적으로 승인해 준 범위 안에서 사용해야 한다는 말이다. 따라서 재정 관리자는 공동의회에서 공적인 인준을 받은 대로 집행하고 사용해야 한다. 곧 성도들이 인준한 예산안에 맞게 집행하고 사용해야 한다는 것이다. 헌금 관리의 거룩성을 위해서는 교회의 제도적 장치가 필요하다.

재정 관리는 관리자들의 신앙 양심과 믿음을 신뢰해야 하지만 또 하나 중요한 것은 적절한 안전장치이다. 사람은 누구나 실수할 수 있고, 또 돈 문제에 있어서는 제도적 통제가 필요한 것이 사실이다. 심심찮게 사회적 문제로 대두되는 교회 재정 문제는 인간의 약함을 보여주는 예가 될 수 있다. 하나님께 드리는 헌금이라는 거룩한 헌신이 신앙 양심만으로는 지키기 어려운 약점을 인간은 누구나가 가지고 있기 때문이다. 그래서 당회는 이 일을 아주 엄중하게 생각해야 한다. 당회는 헌금이 경제원리가 아니고 신앙적 가치를 따라 잘 관리되도록 제도적 장치를 마련하고 신앙적 가치로 관리해야 한다.

(5) 재정 집행의 사례/신양교회 재정목회

재정 사용의 한 모범으로 신양교회의 재정 집행 원칙을 소개한다. 필자가 시무했던 신양교회는 아래와 같은 재정 집행 원칙을 정하여 이에 따라 재정을 사용하고 있다. 매년 연초에 "여러분이 드린 헌금 이렇게 사용합니다"라는 문서를 통하여 성도들에게 공지하고 "알파강좌"를 통하여 모든 성도에게 설명하여 재정 집행의 신뢰도를 높이고 있다. 알파강좌는 연초에 모든 성도에게 한 해 동안의 목회 계획을 설명하는 전교인 수련회이다. 거래은행 지점장은 자신의 수십 년 간의 은행원 생활에서 이렇게 깨끗하고 투명한 교회의 재정 집행은 처음 봤다는 평가를 했다. 온 성도들이 신뢰하는 모범적 재정 집행의 예가 될 것이다.

@ 재정목회(財政牧會)

- 여러분이 드린 헌금 이렇게 사용합니다. -

I. 재정 집행 원칙(財政執行原則)

※ 하나님께 드린 헌금에 대한 경외심으로 OOOO년도의 재정을 효율적으로 관리하기 위하여 아래와 같이 재정집행 원칙을 정하고 이 원칙을 따라 재정을 관리한다.

1. 교회 모든 헌금은 재정위원장이 계수팀을 통하여 수납, 계수하여 매주일 집계표를 작성 날인하고 사본은 회계 팀에게 제출하고, 현금은 전액을 은행에 입금한다.
   또한 교회 모든 재정 수입(헌금, 특별헌금, 각종 기금 등)에 관한 문서, 서류철의 기장 및 보관 관리도 재정위원장이 책임진다(수입 현금 관리).
   단, 재정 보고는 회계팀장(제직회 회계)이 담당한다.
2. 교회 재정 집행은 사무실에 접수된 각 기관, 부서의 신청서(지출결의서)를 회계팀장(제직회 회계)의 책임으로 검토하여 지(급)출 여부를 결정하고 재정위원장의 결제와 당회장의 최종 결제를 받아 은행 통장을 통하여 지급한다.
   통장 및 도장, 회계에 관련된 각종 장부, 문서, 서류철의 기장 및 관리는 회계팀장(제직회 회계)이 담당하며 제직회 등 각종 재정 보고의 책임도 회계가 진다.

3. 공과금과 인건비, 긴급을 요하는 재정 외의 재정과 각 기관부서의 재정 청구는 한 주 전에 하여 다음 주에 지정된 통장으로 지급받는다.

4. 재정 청구서는 해당 부서장의 지출결의서와 해당 부서에 배정된 (항, 목) 예산액, 기 수령된 금액, 재정 집행 계획, 수령할 은행계좌가 명기된 소정의 청구서를 작성하여 신청하여야 한다.

5. 시설, 장비 등 물품 구입을 위한 예산 청구 시에는 당회장의 결재를 받은 견적서를 첨부하여야 한다. 소액(5만 원 이하)일 경우는 예외로 한다.

6. 모든 예산 청구는 사역팀장이 교회 사무실로 신청토록 하며 수령은 지정된 은행통장으로 한다. 회계부(會計部)사무실은 관계자 외에는 출입을 금한다.

7. 수납된 모든 현금은 다음 날까지는 반드시 은행에 전액 입금하여야 하며 현금의 유용이나 현금의 직접 지급은 금한다.

8. 교회 재정위원회는 각 부서의 지정 통장을 개설하고 부서별로 필요한 도장을 만들어 지급한다. 각 부서 지정 통장은 개인 이름이 아닌 부서명으로 개설하도록 한다〈당회장 명의(부서명)〉. 통장 개설 및 도장 지급부서는 다음과 같다.

1) 인건비

   교역자 및 직원 개인이 신고한 통장과 도장 사용

2) 부서(40개 부서)

   사무실(신양, 관리위원회), 사회·봉시위원회,

   예배위원회, 선교위원회, 가정사역위원회,

   영성위원회, 새가족위원회, 교육위원회,

   기획·홍보위원회, 장학회, 음악부,

   사역훈련원, 청년비전센터, 사회봉사센터,

   영성치유센터, 중보기도팀, 행복누리회,

   MCL-TV 방송국,

   아침해가 떠오르는 땅(Morningcome Land News),

   교회 리모델링위원회,

   1교구(청년), 2교구, 3교구, 4교구, 5교구, 6교구(새가족),

   7교구(노인),

   유아부, 유치부, 유년부, 초등부, 소년부, 영어예배팀,

   중등부, 고등부, Moses 주말학교,

   샤론찬양대, 시온찬양대, 갈릴리찬양대, 할렐루야 찬양대

Ⅱ. 교회 재정 신청 및 수령 절차

교회 재정 신청 및 수령 절차는 아래와 같다.

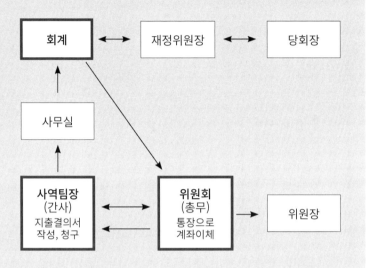

1. 재정 집행을 위한 교회의 직제와 중요 임무를 다음과 같이 정의한다.

   1) 결제 라인은 아래와 같다.

      당회장-위원장-부장-사역팀장(찬양대장, 교회학교 부장)-간사

   2) 위원회의 전체 회계는 부장이 담당한다.

   3) 팀에는 팀 간사가, 찬양대는 해당 찬양대의 간사가, 교회학교는 부서의 회계가 회계 업무를 담당한다.

2. 재정 청구는 사역팀장이나 부서의 간사가 지출결의서를 작성하여 부장(대장)과 위원장의 결제를 받아 사무실로 신청한다.

3. 사무실에 접수된 지출결의서는 재정위원회로 보내고, 재정위원회 회계팀장(제직회 회계)은 접수된 지출결의서를 검토하여 지출 여부를 결정하여 재정위원장, 당회장의 결제를 거쳐서 신청된 부서의 지정된 은행계좌로 이체시킨다.

4. 신청하여 결제된 재정은 각 부서에 시정된 통장에 입금되며(항목이 명시됨) 입금된 재정을 부장(혹은 간사, 회계)가 인출하여 담당자에게 전달하여 사용하도록 한다.

5. 통장 및 도장은 재정위원회에서 지급한 것을 사용하도록 하며 업무 인계 시에 후임자에게 인계하여 계속하여 사용도록 한다. 통장 비밀번호는 담당자가 지정하여 사용한다(업무 인계 시에 비밀번호를 변경하여 사용한다).

6. 긴급을 요하는 재정 외의 재정과 각 기관부서의 재정 청구는 한 주 전에 하고 그 다음 주에 통장으로 지급받는다.

7. 지출결의서는 소정의 양식에 따라 정확하게 기록하여 사무실에 접수하여야 하며 미비된 서류는 재정 지급이 보류된다.

8. 예산을 "항"을 중심으로 편성하고 특별한 경우 "목"을 명시하여 편성함으로 사역에 따라 사용할 수 있다. 단 재정 청구 시에는 구체적 재정 사용 계획서(품의서)를 첨부하여 회계부의 심사 후 지출하도록 하며 배정된 예산인 경우에도 품의서나 사용 내역이 정확하고 필요한 경우에만 지급함을 원칙으로 한다.

9. 교역자, 직원, 교육담당자, 지휘자, 반주자, 유급찬양대원(솔리

스트, 악기주자 등), 유급전도사역자, 비전센터 직원, 봉사센터 직원 등의 교회 모든 유급봉사자는 반드시 본 교회 등록교인으로서 유급사역자로 임명받은 자에 한한다.

10. 재정부(財政部)사무실은 관계자 외에는 출입을 금하며 예산 청구서는 사무실에, 지급은 은행통장으로 하며 현금 지급은 금한다.

7

장로, 이렇게 섬겨라

　장로의 교회에서의 위상이나 직임의 중요성과 지대한 영향력은 목회를 돕고 성도를 섬길 때 빛이 나고 교회는 그런 장로를 필요로 한다. 사실 섬김의 극대화가 바로 장로의 직임이고 헌신이다. 그러므로 장로는 그 수가 많으면 많을수록 좋다. 목사의 협력자가 많아지고 성도를 섬기는 헌신자가 많아지는 것이기 때문이다.

　때로는 목회자들이 많은 장로를 부담스럽게 생각하는 경우도 있다. 장로의 위세에 위축되어 당당히 자신의 목회를 펼쳐가는 데 걸림돌이 된다고 생각하기 때문이다. 교회 안에서 장로의 높은 위상으로 인해 목회를 펼쳐 나가기 위해서 그 모든 장로를 설득해야 하고 집단화되어 권력 구조로 굳어진 당회를 움직이기에 많은 역부족을 느끼는 경우가 그렇다. 많은 경우 목회자들은 사역보다는 장로들을 설득하고 장로들과의 원만한 관계를 유지하는 일에 많은 목회력을 집중해야 한다고 생각한다. "목회는 장로들 관계만 잘하면 된다"라는 말처럼 실제로 당회와의 관계만 평안하면 교회 안에 다른 문제는 거의 없다. 그래서 제일 어려운 목회가 바로 "당회목회"라는 말이 생겨났다. 목사가 아무리 성도들의 지지를 받아도 당회와의 관계가 불편하면 목회를 잘하기 어렵다. 성도들과의 관계는 다소 소홀해도 당회와의 유대가 튼튼하면 흔들리지 않을 수 있다. 많은 경우 당회가 목회를 지원하기보다는 견제하고, 목회를 돕기보다는 제한하기도 하기 때문이다. 이런 이유로 목사는 당회의 눈치를 보고, 당회와의 관계에 문제가 생기지 않도록 당회 평화에 상당한 노력을 기울이게 되는 것이다.

장로는 목사의 치리와 권징을 돕기 위해 존재하지만 도리어 세력화 되어서 목사의 발목을 잡는 경우가 실제 우리 한국교회에서는 비일비재하다. 어떤 경우에는 장로의 수적 우세나 권위로 교회의 또 하나의 권력 집단이 되어 범접하기 어려운 영역이 되기도 한다. 장로가 많을수록 좋지만 때로는 많을수록 목회의 부담이 되고 목회를 위축시킬 위험이 있다.

장로가 많을수록 좋을 때는 장로가 목회를 잘 도울 때 그렇다. 단순히 많다고 좋은 것은 아니다. 그보다는 어떤 장로인가가 중요하다. 장로가 목회의 디딤돌도 될 수 있지만 걸림돌도 될 수 있기 때문이다. 목회를 돕고 교회를 세우는 장로도 있지만 실제로는 목회를 방해하고 목회력을 약화시키고 교회의 갈등을 유발하는 경우도 있다. 장로라는 권위로 대접이나 받으려 하고 책임이나 의무보다는 권리만 주장하려는 장로도 있을 수 있다. 그래서 집사일 때는 헌신적이던 사람이 장로가 되면서 달라지고 꼭 값을 하려고 한다. 장로직을 명예로 알고 신분 상승의 기회로 알아 장로가 되려는 사람들도 있고 그것이 좌절될 때 분쟁을 일으키거나 교회를 떠나는 경우도 있다.

그래서 장로의 섬김과 헌신의 바른 태도가 필요하다.

1) 섬김의 바른 태도가 중요하다

모든 사람이 그렇듯이 장로 역시 먼저 장로로서의 섬김의 태도를 바로 세워야 한다. 일반적으로 장로는 오랜 교회생활로 교회가 너무나 익숙하다. 그래서 장로가 되면 지나친 자신감으로 목사는 물론 하나님조차 두려워하지 않는 무소불위의 권력을 소유한 것 같이 착각하는 경우도 있다. 지나친 자신감 때문이라고 할 수 있다. 그리고 장로 됨이 무슨 특권이나 면허로 생각하기 때문이다.

그러나 장로나 목사는 겸손히 자기 인식, 자기 정체성 그리고 사역에 임하는 바울 사도의 섬김의 태도를 배우고 따라야 한다. 사도 바울은 그의 모든 서신에서 자신을 "둘로스(δοῦλος)" 곧 "종(노예)"으로 소개했다. 예를 들어 그는 로마서 첫 머리에서 로마에 있는 성도들에게 자신을 소개하면서 자신을 "바울은 그리스도 예수의 종(Παῦλος, δοῦλος Χριστοῦ Ἰησοῦ)"이라고 소개한다. "종"으로 번역된 헬라어 단어 "둘로스"는 어떤 자유나 권리도 없이 주인만을 위해 사는 노예를 의미한다. 바울은 한 번도 가보지 않았고 만나지 않았던, 그래서 바울에 대하여 전 이해가 없는 로마 교회 성도들에게 자신을 "종($\delta o \tilde{\upsilon} \lambda o \varsigma$)"이라고 소개하였다. 당시 로마에는 대략 100만여 명이 살고 있었고 그중에 대략 35만~50만여 명의 노예(종)들이 있었다. 로마 시민이나 노예들 자신이나 노예의 신분이 얼마나 비천하고 그들의 삶이 얼마나 비참한가를 잘 알고 있었을 텐데 그런 그들에게 바울은 자신을 스스로 "종" 곧 "노예"로 소개한 것이다. 이는 바울 스스로가 생각하는 자신의 정체성이었고 또 그렇게 되려는 노력이었다.

사람은 누구나 자신이 좀 더 높아 보이고 자신을 과시하려는 욕망이 있지만 바울은 스스로를 종으로 인식하고 섬기는 삶을 살았다. 자신의 정체성뿐만 아니라 사람들에게 그렇게 불리기를 바라기도 했다. 그래서 그는 고린도전서 4장 1절에서 "사람이 마땅히 우리를 그리스도의 일꾼이요 하나님의 비밀을 맡은 자로 여길지어다"라고 말한다. 스스로 그리스도의 종이라는 정체성을 갖고 있을 뿐 아니라 다른 사람들에게 그렇게 인정을 받고 그렇게 불리기를 바란다는 것이다. 이는 단지 자신이 그리스도의 종이라는 정신적 자세만이 아니라 실제로 그렇게 불리기를 바라고 그렇게 살았다는 의미이다. 특히 여기서 말하는 일꾼이라는 단어 $\dot{\upsilon} \pi \eta \rho \acute{\epsilon} \tau \alpha \varsigma$(히페레타스)는 "배 밑창에서 노를 젓는 노예"를 말한다. 바울은 자신이 마치 배 밑창에서 쇠사슬에 묶여 북소리에 맞춰 노를 젓는 노예와 같은 신분의 사람으로 보이기를 바랐다는 말이다.

우리가 전쟁 영화에서 볼 수 있었듯이 로마시대, 동력장치 없이 사람이 노를 저어서 배를 움직이던 시절, 전쟁을 위하여 군함이 항해하기 위해서는 사슬에 묶여 배 밑창에서 북소리에 맞춰서 배를 젓던 노예들이 있었다. 북소리가 빠르면 노를 빨리 젓고 북소리가 천천히 들리면 노도 천천히 저어서 배가 움직이게 했다. 배를 젓는 노예들은 이 배가 어디로 가는지, 왜 가는지 방향도, 목적도 모른 채 오직 북소리에 맞춰 노를 저을 뿐이었다. 그들은 노예 신분이기에 그 수고에 대한 보상도, 칭찬도 없었다. 오직 지휘관의 명령에 복종할 의무밖에 없었다. 생명도, 운명도 지휘관에게 맡기고 노를 젓는 충성만이 요구되는 사람들이었다. 바울은 자신이 주님을 위하여 쓰임 받는 그런 노예로 보이기를 원했다.

섬김은 늘 자기를 낮추고 겸손한 마음과 태도로 남을 나보다 낮게 여기며 함께 세워 나가야 한다. 그리고 자신의 부족과 한계를 알고 자기 분수에 맞게 자기에게 주어진 책임을 감당해야 한다. 촛불 주제에 태양 노릇하려는 우를 범해서는 안 되고 봉사 역시 독점해서는 안 된다.

장로가 되었다고 모든 것을 다 할 수 있는 것이 아니고, 장로라고 모든 것을 다 아는 것도 아니다. 그래서 실수하지 않는 방법은 늘 겸손히 행하는 것이다. 자기의 작은 경험으로 모든 것을 다 아는 것처럼 생각하고 장로이니까 모든 것을 다 해야 한다고 생각할 필요는 없다. 권위만 내세우며 전부를 다 하려고 하면 그것은 봉사가 아니라 지배이고, 도움이 아니라 폐를 끼치는 결과를 가져온다. 진정한 권위는 겸손에서 나온다.

2) 섬김은 짐을 나누어 지는 것이다

장로의 가장 중요한 교회 섬김과 기능은 목사의 목회를 돕는 일이다. 자신이 목회를 하는 것이 아니라 목회 담당자인 목사를 돕는 것이 장로의 직능이고 능력이다. 그래서 장로는 목사와 바른 관계를 가지고 목회의 협력자가 되어야 한다.

일반적으로 목사는 나름대로 자신의 목회 철학 혹은 목회 방침을 가지고 있다. 곧 교회 운영 원칙, 교회를 어떻게 이끌어 가며 목회의 가장 중요한 가치를 어디에 두고 어떤 방법으로 교회를 이끌어 갈 것인가 하는 자신의 목회 소신이다. 그것이 목회 방식을 결정하게 된다. 목회자로서의 기본적인 예배, 선교, 교육, 봉사, 친교 등의 사역은 물론 교회 지도자로서 발휘하는 리더십이나 사역 콘텐츠와 방법 결정에 따라 결과가 달라진다.

그 중에서 당회원과의 직접적인 관계의 목회권 행사가 바로 행정과 인사 그리고 재정이다. 목사는 많은 경우 자신의 목회 철학을 따라 행사하는 이 리더십에 대하여 당회원 곧 장로들이 다른 이의나 조건 없이 순종하고 따라 주기를 바란다. 또 그렇게 할 수 있는 지도력을 좋은 목회 리더십이라고 생각하고, 그런 교회를 은혜로운 교회라고 생각한다. 당회원들과 마찰 없이 주도적으로 목회권을 강력하게 행사할 수 있는 목사를 유능한 목사로 이해하고 평안하고 좋은 교회로 생각한다. 곧 교회 안에 아무리 유능하고 훈련된 장로가 있어도 장로의 리더십이나 섬김의 소신보다는 목사의 목회 방침 곧 교회 운영 원칙이 우선하고 장로는 그 방침에 이의 없이 순종하기를 바란다. 곧 목사의 치리권 행사에 조건 없이 복종하기를 바라고 그것을 자유롭게 할 수 있을 때 목회를 잘한다고 생각한다. 이것이 적어도 한국교회, 특히 대형교회의 치리 스타일이고 목사들이 그런 류의 목회 스타일을 선호한다.

사실 좋은 교회, 평안한 교회, 목사의 리더십이 강한 교회는 장로가 목회에 참여할 기회가 거의 없다. 목사가 이끌어 가는 데 아무 이의 없이 순종하는 것을 미덕으로 생각하기 때문이다. 이런 리더십은 지금까지의 구세대에서는 통할 수 있는 리더십일지 모르지만 바람직한 리더십은 아니다. 장로를 세운 본래적 목적과도 맞지 않는 리더십이라고 할 수 있다. 돕는다는 본래적 의미와도 다르다. 무엇보다 중요한 것은 목사일지라도 모든 것을 다 잘 알고 다 잘 할 수 있는 전능자일 수 없고 완벽할 수 없다는 것이다. 이 모든 것에 조언과 협력, 도움이 필요하다. 또 장로의 직능이나 직권이 목회자에 대한 일방적인 복종이 아니라 협력을 말한다. 협력이란 부족한 부분을 채워 준다는 의미이다.

그래서 중요한 것은 서로의 전문성을 인정하고 함께 세워가는 겸손함이다. 목사가 당회장의 직권으로 교회 치리나 권징 그리고 재정 집행을 독주하거나 그것이 목회 리더십으로 생각하여 장로들에게 복종만 강요한다면 그것은 참된 목회 리더십이 아니다. 그렇게 된다면 장로의 기능이나 교회를 위한 헌신이 무의미하게 된다. 장로가 가진 경륜이나 영적 능력이 유용하게 발휘될 수 없다. 그렇다면 장로가 왜 필요한가라는 질문이 자연스레 나올 수밖에 없다. 목사가 정한 목회 방침에 이의 없이 일방적으로 집행만 한다면 정책을 결정하거나 입안할 당회나 장로들의 기능이 필요 없게 된다. 목사는 장로와 협력하여 치리와 권면 그리고 성도들을 돌보아야 하는데 그 말은 맹목적인 복종보다는 건강한 협력을 말하는 것이고, 협력은 의무와 책임뿐 아니라 일정 부분의 일을 나누어 하는 것이고, 또 그에 상응하는 권한도 공유한다는 의미이다.

여기서 고려되어야 할 것이 목사와 장로 상호간에 목회와 행정, 재정의 전문성을 인정하는 것이다. 직분이 갖는 권한보다는 서로의 전문성으로 협력하고 함께하는 것이 필요하다. 각자의 전문성을 목회 사역에 사용하는 것이 지혜로운 교회 운영이다.

왜 이런 리더십에 대한 혼란이 야기되는가? 이건 목사와 장로관계, 목회 리더십 행사에 대한 오해에서 비롯된다. 교회 행정과 치리 또는 목회권 행사를 교회의 권력 행사로 이해하기 때문이다. 목회 리더십을 권력 행사로 이해함으로 목사, 장로와 주도권 행사 문제가 야기되고 그로 인한 갈등이 생기게 된다. 그래서 목사는 장로의 간섭 없이 주도적으로 교회를 이끌어 가는 것을 선호하고, 장로는 목사의 독주에 대하여 불편한 마음을 갖게 되는 것이다. 목사가 성도들의 전적 지지라는 다중 세력의 힘을 바탕으로 당회나 장로들을 자신의 생각대로 지배하게 되고 그것이 성공적 목회 리더십으로 착각하기도 한다. 장로 역시 목사의 목회 철학보다는 자신들의 이해관계에 따른 치리권 행사를 더 많이 요구하여 지지 세력이 약한 목사의 정당한 목회까지 간섭하는 것이 문제이다.

목사나 장로가 다 같이 명심해야 할 중요한 관점은 교회 치리가 권력이 아니라 헌신이고, 교회 리더십은 교회와 성도를 위하여 십자가를 지는 일이라는 바른 인식이다. 협력은 권력을 나누어 가진다는 말이 아니라 짐을 나누어 진다는 말이다. 바울의 말대로 그리스도의 남은 고난을 나누어 진다는 의미이다(골 1:24). 교회를 위하여 성도들을 위하여 십자가를 같이 져야 한다. 목회와 교회가 가진 모든 무거운 짐을 목사 혼자서 지는 것이 아니라 장로가 함께 져야 한다. 교회 섬김은 권력의 일부를 나누어 갖는다는 생각보다는 십자가를 함께 진다는 거룩한 책임 의식을 가져야 한다. 지금까지 교회의 높은 위상과 한국교회의 놀라운 부흥으로 눈에 보이는 영광이 커 보이지만 교회가 교회되기 위해서는 보이는 영광보다는 져야 할 십자가가 더 많다는 것을 직시하고 장로는 목사와 함께 십자가를 지고 목사 역시 자신의 짐을 장로들과 나누어 진다는 생각으로 서로 협력하여야 한다.

이런 면에서 많은 경우 한국교회 장로들의 의식도 바뀌어야 할 필요가 있다. 십자가를 함께 진다는 의미보다는 권력을 함께 가진다는 것으로 착각하여 교인들을 돌봐야 하는 책임보다는 교회 정치를 교회 권력으로 알아 목회자의 걸림돌 역할을 하는 경우도 있기 때문이다. 그래서 목사는 장로들을 교회 섬김의 동역자로 함께할 필요가 있고 장로들은 목사의 짐을 나누어 함께 지고 목회의 십자가를 나누어 진다는 의식을 가져야 한다. 목회자의 신학적 지식이나 목회 리더십과 장로들의 많은 삶의 경험과 교회 문화에 대한 정확한 이해로 서로 협력하여 선을 이루어 갈 필요가 있다.

특히 재정적인 문제에 있어서 목사, 장로의 협력이 중요하다. 목사는 성도들이 헌신하여 드린 거룩한 헌금을 반드시 목회적인 검토와 목회적 목적을 위하여 사용해야 한다는 의식으로 재정 집행권을 독점하려는 생각을 갖기 쉽다. 또한 장로들은 목사는 성경을 읽고 묵상하고 기도하고 예배와 말씀 증거 등 영적 사역에 전념하고 재정 관리는 장로들이 해야 한다고 생각하기 쉽다. 가장 소중한 성도들의 헌신의 열매인 교회 재정 사용이야말로 목회적인 목사의 생각과 성도들을 돌보고 보살피는 장로들의 협력을 통하여 거룩하게 사용되어야 한다. 재정이 어렵고 늘 부족한 교회의 경우 재정이 짐이 되고 재정 사용이 십자가가 되지만, 재정이 풍족하고 소위 힘이 있는 교회의 경우 교회 재정이 또 하나의 힘이 되고 재정 운영이 권력이 되어 다툼의 소지가 될 염려가 있다.

사실 재정이 부족하여 늘 재정을 염려해야 하는 교회의 경우에는 장로들이 서로 재정 담당 부서를 맡기 싫어하지만 재정이 풍부한 교회일수록 재정 담당 장로의 위상이 높아지고 부서장 임명의 중요 관심거리가 된다. 재정 운영의 책임을 맡는 것을 교회나 목사의 신뢰를 받고 있다는 증거처럼 생각하고 소위 교회에서 힘 있는 자리로 생각하는 경우가 많다. 재정이 풍부하든 부족하든 거룩한 사용을 위해 재정 집행도 십자가를 지는 책임감으로 목사와 장로가 협력할 필요가 있다.

이런 문제는 딱히 법으로 규정하고 통제할 수 있는 일이 아니다. 교단 헌법에도 이런 문제에 대한 분명한 규정이 없다. 헌법 정신에 따른 목사, 장로의 신앙적 양심과 헌신이 태도로 감당하게 되어 있고 실제로 목회 현장에서는 더욱 그렇다. 목사와 장로의 바른 의식과 교회 사랑, 그리고 십자가를 지는 마음의 헌신의 협력이 해결책이다. 교회마다 정관을 만들고 여러 규정을 두려고 하지만 법으로 규정하고 강제적인 제도로 묶어두기보다는 책임에 대하여 바른 헌신의 신앙적 태도가 중요하다. 목사와 장로의 동역자 의식을 전제로 함께 교회를 세워가는 헌신적 섬김이 중요하다.

특히 장로로서 교회를 섬김에 대하여 유의할 것은 목사의 전문성에 대한 인정이다. 나이가 어리고 경험이 좀 부족해도 이론상으로는 목사가 "목회 전문가"이다. 전문가로서 목사는 말씀 선포, 성례 집례, 교회의 대표로서의 역할을 수행하는 것이 교단 헌법 정신이고 일반적인 목사의 사역 관행이다. 그런데 목사가 어리고 경험이 부족하다는 것 때문에, 또는 노파심의 발로나 목사의 목회 전문성에 대한 이해 없이 쉽게 목회 전문 영역에 손을 대기 쉽다. 그것이 목사에게는 간섭으로 비춰져서 갈등의 원인이 되기도 하고 또 활발한 목회활동을 위축시킬 우려도 있음을 유의해야 한다.

어떤 경우에는 자신의 직업이나 생업조차 소홀히 하면서 교회 행정이나 목회활동에 깊숙이 개입함으로 목회를 어렵게 하고 자신의 생업이나 사회적 전문성조차 갖지 못하는 경우도 있다.

목사가 경험이 적고 교회 문화에 익숙하지 못하고 해 교회의 특별한 사정과 목회적 특수 상황이 있다고 하여도 목사는 하나님이 그에게만 주신 특별한 은사가 있다. 그래서 장로는 목사가 자신의 은사를 펼칠 수 있는 목회의 장을 마련해 줄 수 있어야 한다. 나이나 경험과 관계없이 직분에 대한 차이를 구분할 줄 알아야 한다. 옛말에 "사공이 많으면 배가 산으로 간다"라는 말이 있다. 사공을 세워놓고 승객들이 서로 사공 노릇을 하려고 하면 그 배가 옳은 방향으로 갈 수가 없다는 얘기다. 목회도 마찬가지다. 목회를 전문으로 하는 목회 전문가인 목사의 의견을 존중해야 한다.

마치 운전자와 동승한 승객이 본인은 운전도 못하면서 운전을 간섭하는 것과 다를 바 없기 때문이다. 이는 신분이나 권한의 문제이기보다는 기능의 문제이다. 특권을 인정하라는 것이 아니다. 목사는 하나님의 종이고 장로는 하나님의 종이 아니라는 말이 아니다. 다같이 하나님의 종이지만 직임 곧 기능이 다르다는 말이다. 다같이 몸에 붙어 있는 지체라도 눈이 다르고 귀가 다르다. 지체라는 것은 같지만 기능 면에서는 다 다르다. 교회에서의 목회와 교회 섬김의 기능도 마찬가지이다. 다같이 소중하고 귀하지만 서로의 기능의 차이를 인정할 필요가 있다. 그래서 장로는 교회 섬김을 목사와 짐을 나누어 진다는 의식으로 감당해야 한다.

3) 목사의 목회를 꽃피우게 하라

장로는 자신의 목회 철학이 있으면 안 된다. 장로는 목회자가 아니라 목회를 돕는 자여야 하기 때문이다. 만약 장로가 자신의 목회 철학을 가지고 자기 목회를 주장한다면 이는 심각한 갈등의 요인이 될 수 있고 일관성 있는 목회가 불가능해질 수 있기 때문이다. 그리고 이미 굳어진 각자의 목회 철학은 쉽게 깨뜨릴 수 없다. 장로는 자기의 목회 철학이 아니라 담임목사의 목회 철학에 동역해야 하고 목사의 목회 철학을 따라 섬김과 충성만 있을 뿐이다. 장로의 참다운 동역은 자신의 철학을 버리고 담임목사의 목회 방향에 온전히 순응할 때 조화를 이룬다. 철저히 검증 절차를 거쳐 목회자를 청빙하고 그 철학을 이루도록 협력해야 하는 것이지 장로가 자신의 철학을 목사를 통하여 이루려고 하면 안 된다. 그건 하나님만이 하실 일이다. 장로의 모든 결정, 집행 등이 목사의 목회 철학을 따라 신앙 논리에 의하여 움직여야지 절대로 정치 논리로 움직여서는 안 된다.

목사의 목회 철학이나 사역이 때로 합리적이지 못하거나 교회 문화나 현실에 맞지 않는 경우에도 죄를 짓는 일이 아니라면 가능한 한 목회자의 목회를 도와야 한다. 성경은 "합력하여 선을 이룬다"고 하였다. 현실적으로 불가능하거나 불합리한 일들도 함께 마음을 같이하고 협력하면 선을 이룰 수 있다는 말이다. 필자는 이런 경험을 여러 번 했고 장로들의 협력과 함께함이 목회자의 목회를 얼마나 효과적이게 할 수 있는가를 경험했다.

필자가 부목사로 시무하던 때의 이야기이다. 부목사로 부임하여 그 교회에 익숙해질 무렵 갑자기 잠시 동안이었지만 대리당회장이 되어 (당시에는 부목사가 대리당회장직을 맡을 수 있었다) 교회를 이끌어야 했다. 연말 당회에 참석했던 나는 정말 갑작스럽고 당황스러운 책임을 맡았다. 연말 당회를 끝낼 무렵 당회장님은 아무도 예상하지 못한 폭탄선언을 하셨다. "나는 오늘로 이 교회를 사임하고 이만규 목사를 대리당회장으로 지명합니다"라고 하시고는 자리를 뜨셨다. 당회가 잠시 술렁거렸지만 장로님들은 침착하게 상황 정리를 하시고 나에게 남은 당회 사회를 요청하셨다. 그렇게 하여 나는 잠시 동안이지만 그 교회 목회를 맡게 되었다.

봄이 되고 사순절이 가까웠을 때 젊고 철없던 나는 당회에 "사순절 특별 새벽기도회"를 제안했다. 그런데 놀랍게도 장로님들은 적극 호응은 아니었지만 반대도 하지 않고 내 제안을 받아 주셨다. 문제는 그 다음에 일어났다. 다른 교역자들은 물론 권사님들을 비롯한 교회 중직자들의 여론을 들으니 내 제안이 얼마나 철없는 생각이었는가를 금방 알게 되었다.

그 교회는 도심에 위치한 교회로 교인들 거의 다 서울 외곽이나 신도시 아파트에 살고 있어서 평소에도 새벽기도가 잘 안 되던 교회였다. 또 전임당회장 역시 새벽기도를 강조하지 않아서 겨우 명맥을 유지하는 정도였다. 그런데 특별 새벽기도라니, 누가 얼마나 나올 것이며 그것도 사순절을 시작하는 주간 월요일부터 부활절 아침까지 근 50여 일을 한다니 당시 상황으로는 해프닝으로 끝날 행사라고 생각되었다.

괜히 무모한 용기로 일을 벌여놓아서 교회 창피로 끝날 공산이 많다고 하며 나의 졸속으로 세워진 계획에 대하여 모두가 염려를 했고 나의 철없는 만용으로 취급하는 분위기였다. 새벽에 그 멀리 사는 사람들이 어떻게 기도회에 참석할 수 있으며 새벽기도를 왔다가 언제 집에 가서 출근 준비를 해서 출근을 하고 아이들을 학교에 보낼 수 있겠는가라는 것이었다. 가능하지도 않은 일을 목사가 제안을 했다며 불평이 많았다. 장로님들이야 목사가 하겠다는 것을 반대할 수 없어서 허락은 했지만 책임은 목회를 맡고 사역안을 제출한 목사에게 있었다. 사태를 파악한 나 역시 정말 난감하고 걱정이 되었다. 그러나 이미 당회를 통과한 안건이니 또 권위를 중히 여기는 전통이 있는 교회 문화에서 이를 취소하거나 비켜나갈 다른 방법이 없었다. 어쩔 수 없이 나름대로 준비하였고 하루하루 시작 날짜가 다가왔다. 나는 이 문제의 해결을 위해 고심하고 기도하며 나름대로 준비를 해 나갔다.

사순절이 시작되는 월요일, 새벽기도를 시작하는 날을 맞았다. 밤잠이 올 리가 없었던 나는 새벽 일찍 남보다 먼저 교회에 가서 아무도 없는 예배당 강대상 앞에 엎드렸다. 그리고 하나님께 살려 달라고 기도를 했다. 사실 기도는 하는 둥 마는 둥 막연히 시간을 기다렸다는 표현이 더 정확할 것 같다. 시간이 차츰 다가오고 예배당이 소란스러워졌지만 나는 도저히 뒤를 돌아 회중석을 바라볼 용기가 나지 않았다.

보나마나 몇 십 명 정도 왔을 것이니 나 자신이 실망스러워서 뒤를 돌아보고 싶지 않았다. 시간이 흐르고 시작할 시간이 되어 나는 어쩔 수 없이 자리에서 일어나서 강대상에 서기 위하여 회중석을 바라보았다. 그런데 정말 나 스스로 얼마나 놀랐는지…. 예배당 1, 2층 회중석 가득 교인들이 앉아서 기도회의 시작을 기다리고 있지 않은가! 그리고 교회 앞쪽 장로 자리에는 모든 장로님들이 다 참석하여 조용히 기도하고 계셨다.

사순절 새벽기도를 그렇게 시작하였고 50여 일 동안 모두가 얼마나 많은 은혜를 받았는지 모른다. 성도들은 새벽기도회를 마치고 부서별로 같이 아침식사를 나누고 곧바로 출근을 하며 그동안 한 번도 나누지 못한 새벽의 감동을 나누고 친교를 하며 행복한 사순절을 보낼 수 있었다. 나는 나중에 장로님들에게 어떻게 그렇게 오셨느냐고, 그 먼 곳에서 어떻게 50여 일이나 새벽예배에 오셨는가를 물었고 장로님들의 대답은 간단했다. '젊은 목사가 잘해 보겠다는데 나라도 나가서 도와주자'는 마음으로 오셨다고 하셨다.

젊은 목사를 도와주려고 모든 장로가 거의 다 같은 마음으로 첫날에 참석을 했고 운집한 성도들을 보고 서로 은혜를 받고 영적 시너지 효과를 주어 은혜로운 새벽을 만들게 되었다. 간단한 비결이었다. "젊은 목사(사실은 철없는 목사였다)가 잘하려 하는데 나 한 사람이라도 가서 도와주자." 철없이 열심만 내는 젊은 목사이지만 그 패기를 꺾지 않기 위하여 도와주려는 마음으로 참여함으로 기적을 이루었다는 말이다.

나는 그때 알았다. 목사가 생각이 부족하고 무모한 시도를 하더라도 장로님들이 도와만 주면 불가능한 일을 가능하게 할 수 있다는 사실을, 목사가 부족하고 생각이 모자라고 무모한 면이 있어도 장로가 잘 도와주기만 하면 그것이 합력하여 선을 이루고 기적을 만들 수 있다는 사실을 발견하였다.

문제는 부족을 탓하기보다는 그 부족을 어떻게 채워 줄까를 장로들이 생각한다면 기적은 얼마든지 일어나고 무능한 목사를 유능하게 하고 결국은 교회와 하나님께 영광이 될 수 있다. 잘잘못을 따지고 가능성 여부를 계산하기 전에 먼저 어떻게 돕고 협력할 것인가를 생각한다면 무슨 일이든지 의를 이루어 갈 수 있다. 목사의 유·무능보다 장로의 적극적 협력이 우선 될 때 교회가 되고 목사가 세워질 수 있다. 장로의 협력과 함께함이 목회자의 목회를 꽃 피울 수 있다는 중요한 경험을 한 첫 사례이다.

필자는 참으로 목회를 행복하게 시작했다. 자신의 생존의 현장을 사명의 현장으로 세워서 철없고 부족한 목회자를 유능하게 세워 주는 교회 지도자를 만남으로 성공적 목회를 시작할 수 있었다. 그런 헌신적인 교회 지도자를 만난 것이 내 목회 인생에 하나님이 주신 잊지 못할 축복이었다. 나는 이때를 평생 잊지 못하고 감사로 기억하고 있다.

내가 목회를 시작할 때 처음 목회지에서 있었던 일이다. 교인이라곤 고작 5명밖에 없는 산골 교회, 나를 소개하신 목사님은 교인이 10명이라고 하셨는데 막상 부임해 보니 교인이 5명뿐이었다.

후에 나는 소개해 주신 목사님께 응석을 부리듯 "목사님, 교인이 10명이라고 하셨는데 가보니 5명뿐이던데요?"라고 했을 때 그 목사님은 재미있다는 듯 이렇게 말씀하셨다. "그래 10명 맞잖은가? 그 교회 교인 5명에다 자네 부부 합하면 7명이고 그 교회에 이미 가 계신 성부, 성자, 성령 3분이 더 계시니 모두 10명 맞잖은가?" 하시면서 웃으셨고 나도 조금은 황당했지만 곧바로 수긍하고 10명의 교인들로 교회 목회를 시작했다.

그런데 그 교회에서 정말 기적이 나타났다. 나는 처음 목회를 그야말로 성공적으로 할 수 있었다. 그건 전적으로 내 능력이나 노력이 아니라 그 교회가 위치한 동네에 있던 초등학교(당시는 국민학교였다) 교감으로 근무하셨던 안성근 선생님 때문이었다. 그 교감선생님은 대구에 있는 합동측 교회에 속한 안수집사로서 그동안은 주말마다 대구로 가서 예배를 드리셨던 분인데 내가 부임 후에는 우리 교회로 출석을 하게 되었다. 단지 우리 교회 출석만을 하기보다 장로처럼 교회를 섬겼고 나를 도운 내 목회의 동반자였고 실제로 나의 스승이라고 할 수 있다. 그분이 나의 농촌 목회, 나의 동네 적응을 구체적이고 적극적으로 도와주셨고 함께하셨다.

무엇보다도 내가 그 동네에 적응하여 지도력을 발휘할 수 있도록 용의주도하게 돕고 협력하셨다. 나는 당시 29살의 철없는 전도사였고 불과 1주 전에 결혼하여 아내와 함께 그 교회로 부임한 신혼부부였다. 사실 나는 목회도 처음이요 가장으로서, 남편으로서의 가정생활도 처음이었고 아내 역시 새댁으로 또 젊고 서투른 사모였다.

전임자의 잘못된 처신으로 인해 전도사가 웃음거리로 치부된 그 동네에서, 또 연장자 순으로 어른 대접을 받던 농촌 문화가 지배하는 그 동네에서 사실 내가 발붙이고 시도력을 발휘할 여지나 틈이 없었다. 그나마 나에게 "님"이라는 호칭을 붙여준 사람들은 교회에 나오는 다섯 사람뿐이었다. 물론 그 다섯 명의 교인 역시 그 동네에서의 존재감은 거의 무시당하는 수준이었기에 나의 동네 적응이나 지도력 발휘에는 아무 도움이 되지 못했다.

그런데 그 교감선생님은 젊고 어린 나를 그 동네의 어른으로, 그 동네를 이끌어 갈 지도력과 권위를 세워 주시기 위하여 철저히 자기희생과 헌신적 수고를 아끼지 않았다. 당시 50대였고 교감이었던 그분은 명실공히 그 동네에서 존경받는 어른 중에 한 분이었다. 그리고 수가 많지는 않지만 그 학교 선생님들 역시 그 동네의 대표적 지성으로 학부모들로부터 존경을 받고 있었다.

당시만 해도 학교 선생님들의 위상은 높았고 나이와 관계없이 "님"자를 붙일 만큼의 인정받는 위치에 있었다. 동네사람 거의가 이런저런 관계의 학부모인 이유도 있었을 것이다. 그러니 교회 전도사의 위상은 학교 선생님들의 위상에 비해 턱없이 낮았고 무시당할 수밖에 없는 상황이었다.

그런데 그 교감선생님은 나를 그 동네에서 지도력을 행사할 대표적인 위치에 세우기 위해 최선의 노력을 기울였다. 나를 세워 준 것은 먼저 학교 교사들 앞에서였다. 딱히 할 일이 많지 않았던 나는 그 교감선생님이 근무 중이던 학교에 자주 방문했다. 그 교감선생님은 내가 학교 교문을 들어서면 어떻게 아셨는지 하던 일을 다 중단하고 놀란 듯 운동장 중간까지 뛰어 나와서 교사들과 학생들이 지켜보는 가운데 어린 나에게 90도로 허리를 굽혀 인사를 하고 마치 상관을 모시듯 나를 모시고 교무실로 들어가서 나를 대단한 사람으로 소개하고 대접을 했다. 내가 학교에 갈 때마다 여러 차례 그렇게 하니 교사들까지도 나를 점점 그렇게 대하였고, 나중에는 교장선생님 역시 나를 그렇게 대하고 내가 무슨 중요한 인물인양 생각했다. 그래서 교장선생님도 교회 앞을 지날 때는 교회에 들어와서 나에게 인사를 할 정도가 되었다.

동네사람들에게도 역시 그랬다. 나는 교인들이 많지 않으니 동네 전체를 목회 대상으로 하고 목회를 했다. 그래서 초청을 하든 안 하든 동네잔치나 장례에 다 찾아가서 인사를 하고 참여를 했다. 그런 동네 잔칫집에 늘 상좌는 그 교감선생님의 차지였다. 나이도 많은 편이고 작은 동네에 있는 학교 교감이니 그 동네에서는 어디를 가도 어른으로 인정받고 그렇게 대접을 받아서 늘 상좌에 앉으셨다. 그런데 내가 상가나 잔칫집에 인사를 가면 먼저 와서 상좌에 앉아 있던 그분이 놀란 듯 일어나서 나를 그 상좌에 앉혔다. 그리고는 나를 새로 부임한 아주 유능하고 이 동네에 크게 공헌할 젊은 전도사라고 소개하고 자신이 늘 나보다 아랫자리에 앉아서 나를 대접했다. 점점 나의 위상을 높여 주었고 동네사람들 역시 나를 다르게 대접하게 만들었다.

당시는 마당 문화가 있던 시대여서 동네사람들을 모아놓고 토론대회 등을 하기도 했다. 연사는 늘 동네 이장, 새마을지도자였는데 어느 날부터인가 나를 연사로 세웠다. 일반적으로 학력수준이 낮았던 그때 나는 이미 대학을 졸업하여 토론 문화에 조금은 익숙했기에 언제나 그 토론회를 주도할 수 있었다.

또한 "가리방"이라고 하는 줄판을 긁어서 프린트를 하는 조악한 문서였지만 동네 청년들을 기자로 임명하여 동네신문을 발간하여 나누어 줌으로 동네사람들의 주목을 받게 되었고 점점 지도력을 갖게 되었다. 불과 1여 년 후에는 교인들이 50여 명이나 되고 그 동네 청년들 중에 교회 안 나오면 미개인 취급을 받을 정도로 교회가 부흥하고 동네 문화의 중심지가 되는 수준까지 이르렀다. 참으로 죄송하게도 내가 그 교회를 떠나오고 목회에 분주하여 연락을 자주 못 드렸는데 후에 소문을 들으니 그분은 아르헨티나로 이민을 가셨다고 해서 다시 만날 수 없음에 나는 늘 죄송한 마음뿐이다.

나는 그때 목회는 목사가 혼자 하는 것이 아니라 유능하고 충성스럽고 헌신적인 평신도 지도자의 조력이 얼마나 중요한가를 실감했다. 그러면서 교회 장로들이 할 중요 사역은 자신들의 직접적 사역 참여도 중요하지만 목사의 위상을 세워 주고 목사의 지도력을 극대화시켜 주는 협력이 가장 중요한 교회 사역이라는 것을 발견했다.

목사에 대한 장로의 태도가 바로 목사의 위상을 결정하고, 목사의 위상이 교회 부흥과 직결된다는 사실을 실감했다.

4) 진리 안에서 자유하라

　교회 섬김은 진리를 세우고 진리에 복종하는 것이어야 한다. 교회를 섬기는 지도자들에게도 진리에의 복종보다는 정치적인 우위에 서려 하는 유혹이 있다. 교회 역시 사람들의 공동체이기 때문에 교회 안에도 많은 문제가 산재한다. 사역의 문제뿐 아니고 누가 주도권을 잡는가, 누가 옳고 그른가 등 많은 인간관계에서 오는 문제들이 있다. 사역과 사명을 더 잘하려는 열정에서도 이런 갈등은 있게 마련이다.

　또 장로도 성인군자나 하나님의 사람만 장로가 되는 것이 아니라 함량이 미달되는 사람도 장로로 피선될 수 있다. 그래서 교회 안에서도 인간관계의 문제, 명예나 권리의 문제, 잡다한 이해관계의 문제가 나타나게 된다.

　성도들 역시 그렇다. 교회는 누구나 올 수 있고 누구나 교인이 될 수 있기 때문에 다양한 성향의 사람들로 구성된다. 그래서 교회 안에도 크고 작은 다툼이 있게 되고 장로 역시 이 관계의 문제에서 자유할 수 없다. 지상교회에서 이런 갈등이 없는 교회는 거의 없을 것이다. 그 중에서도 가장 큰 문제는 목사와 장로 간의 갈등 혹은 장로 상호간의 갈등이다. 문제는 다 옳다고 하는 데에 있다. 어느 한 쪽이 심각한 윤리적, 법적 잘못이 있다면 차라리 해결이 쉽지만 다 옳고 일리가 있기 때문에 해결이 어렵다. 때로는 이 갈등으로 인해 교회 사역이 어려워지고 교회로서의 사명을 못하게 될 위험에 빠지고 교회가 분열되거나 약화되는 경우도 많다.

참으로 중요한 것은 이럴 때에 장로의 리더십이 발휘되고 영적 지도력이 빛을 발해야 한다는 것이다. 장로는 절대로 이런 문제를 인간적인 권위나 힘으로 또는 정치적인 방법으로 해결해서는 안 된다. 무슨 일이는 힘으로 해결하려고 하지 말고 신앙적으로 해결해야 한다. 물론 힘으로 하는 해결이 쉬울 수 있다. 그러나 그 영혼은 이미 사탄에게 지는 일이고, 해결이 아니라 실패일 수 있다. 교회 문제는 언제나 힘 곧 정치적 타협으로 해결하려 하지 말고 진리를 따라 해결해야 한다. 정말 중요한 것은 장로의 지도력이나 치리가 하나님께 인정받아야 한다는 것이다. 그것이 진정한 해결책이다.

교회에서도 때로는 말도 안 되는 것을 가지고 시비를 걸고 트집을 잡는 사람이 있을 수 있다. 그럼에도 그것은 그 사람의 문제이기보다는 지도자의 문제일 수 있다. 지도자의 일이 자기 마음에 안 든다는 이야기다. 자기 마음에 안 들기 때문에 트집 잡을 이유가 안 되는 것을 가지고 트집을 잡는다. 물론 트집 잡는 그 사람이 나쁘다. 알지 못해서 혹은 오해를 해서, 또는 다른 무슨 원망이 있든지 본래 인간성이 나빠서 그럴 수도 있겠지만 지도자는 오해하고 또 나쁜 그 사람도 이끌어 갈 책임이 있다. 트집 잡는 그 사람의 감정을 이해하고 원통함을 풀어 줘야 한다. 참으로 중요한 것은 정치로 이기려 하지 말고 진리로 이겨야 하고 진리 안에서 자유해야 한다는 것이다.

무엇에든지 참되며 무엇에든지 경건하며 무엇에든지 옳으며 무엇에든지 정결하며 무엇에든지 사랑 받을 만하며 무엇에든지 칭찬 받을 만해야 한다(빌 4:8). 무슨 일이든 힘으로 혹은 인간적인 수완으로 문제를 해결하려고 하지 말고 진리로 해결해야 하고 진리가 승리하게 해야 한다.

심각하게 분쟁에 쌓여 첨예한 대립으로 사생결단으로 싸우는 교회가 있었다. 총회 재판국에 상고가 되어 재판을 진행하게 된 서울의 한 대형교회 이야기이다. 서로 더 유리한 고지를 점령하기 위하여 로비를 하고 재판국에 몰려와 시위를 하고 또 애소를 하기도 했다. 이기기 위하여 수단 방법을 가리지 않았다. 이미 양 진영은 서로 갈라져 따로 예배를 드렸고 원로목사 측과 당회장 측의 첨예한 대립으로 신앙도, 법도, 정의도 없는 오직 이기는 것만이 절대 선이라는 듯 이전투구를 하고 있었다.

사실 따지고 보면 그 싸움의 목적은 더 좋은 신앙, 하나님을 높이려는 신앙의 열정이기보다는 결국 그 교회당 건물을 누가 차지하는가의 재산 싸움이었고 나아가서는 자존심 싸움이었다. 더 유리한 싸움을 위해 당시 총회 재판국장이었던 필자를 찾아온 그들에게 난 이런 충고를 했다. "교회당을 그냥 양보하십시오. 이미 그 교회당에는 하나님이 안 계시는 것 같습니다. 재산 가치는 있겠지만 신앙적 가치는 없는 싸움인 것 같습니다. 재산을 차지하는 것보다 믿음 지키는 것이 진짜 이기는 싸움입니다."

그러면서 필자는 예루살렘 성전 이야기를 해 주었다. 예루살렘 성전, 솔로몬에 의하여 그렇게 웅장하고 화려하게 건축된 예루살렘 성전, 그리고 아무도 범접할 수 없는 그 성전의 위엄과 거룩성, 이방인들은 감히 들어갈 수조차 없었고 지성소에는 제사장들조차 들어갈 수 없었다. 지성소에는 대제사장도 한 해에 한 번 대속죄일에 스스로를 위한 정결예식 후에야 희생의 피를 가지고서 들어갈 수 있었다. 혹시 불경으로 인해 사망에 이를지도 모른다는 두려움으로 발에 끈을 묶고 방울을 차고서야 들어갈 수 있었던 그 거룩한 성소가 왜 이방민족, 하나님을 알지도 못하던 바벨론의 군화에 짓밟히고 돌 하나도 돌 위에 놓이지 못할 만큼 무참히 파괴되었는지 알고 있는가? 그건 하나님의 무능 때문도 아니고 바벨론이 옳아서도 아니다. 성전이 부실 건물이어서 그런 것도 아니고 이스라엘의 국력의 약화 때문도 아니다. 단 하나, 이미 그 건물에서 하나님이 떠나셨기 때문이다. 아무리 잘 지은 건물, 아무리 화려하게 지은 건물, 아무리 튼튼하고 거룩하게 지은 건물이라도 거기에서 하나님이 떠나시고 하나님이 안 계시면 이미 그 건물은 헛간에 지나지 않는다.

그분들에게 그렇게 싸우고 다투고 재산을 차지하려는 이전투구의 현장에서 이미 하나님이 떠나셨을지도 모르고 하나님 없는 건물을 차지하기보다는 차라리 지하실에서라도 신앙을 지키고 하나님을 잘 섬기는 방법을 찾으라고 권유했다. 하나님을 차지하는 것이 건물을 차지하는 것보다 훨씬 잘하는 일이고 그것이 진짜 승리의 길이다. 나는 그렇게 충고했고 그분들 역시 내 말에 수긍하고 돌아갔지만 아직 해결되었다는 소문을 들을 수 없으니 그렇게 하지 않은 모양이다.

어느 교회나 어떤 분쟁이든지 시작은 다 옳았다. 하나님의 영광이라는 대전제 역시 사실이었을 것이다. 바로 하자고, 옳게 하자고 생긴 갈등이었을 것이다. 누가 안 되자고, 하나님 거역하자고, 불의를 행하자고 싸우고 갈등하겠는가? 교회의 갈등은 언제나 옳은 주장과 바른 목적으로 시작된다. 그 과정에서 의나 진리보다는 이기려는 욕심이 더해져서 결국은 불의한 방법이 동원되고, 하나님의 의(義)보다는 눈에 보이는 이(利)가 득세를 하는 악한 다툼이 되어 버린다. 그래서 참으로 중요한 것은 어떤 경우에서든지 진리 안에서 누리는 자유를 선택해야지 무조건 이기는 쪽을 혹은 불의를 포함한 정치적 해결의 길을 찾으면 안 된다. 지는 한이 있어도 진리의 수호자로서의 지도력을 가져야 한다. 어떤 경우에도 장로는 장로여야 한다. 장로의 언행이나 중요 결정의 표준은 이(利)가 아니라 의(義) 곧 진리여야 한다. 진리를 지키고 그 안에서 자유를 누려야 한다.

5) 목회적 시각으로 사역하라

왜 교회가 존재해야 하는가? 교회에서 장로가 왜 필요한가? 단 한 가지 이유이다. 교회가 교회로서의 사명을 바로 잘 감당하기 위함이고 그 사명을 극대화하기 위해서다. 교회의 모든 제도나 정책과 시설 그리고 장로들을 비롯한 각종 직분이 필요한 이유는 교회가 그 사명을 바로 감당하기 위한 한 가지 목적이다. 교회의 목적은 우리 자신들의 인간적 목적에 있지 않고 교회를 세우신 하나님의 뜻에 있다. 그건 목사에게도 마찬가지이다. 왜 목사가 있고 왜 목회를 하는가의 가치 기준이 바로 그것이다.

교회 지도자들, 특히 장로는 교회가 지향할 가장 중요한 가치를 잊어버려서는 안 된다. 장로 됨의 이유나 목적 역시 그렇다. 자신의 위상을 높이거나 교권을 차지하거나 명예를 위한 것이 아니라 교회의 가치를 지키고 극대화하기 위함이다. 그래서 한국교회의 장로들은 교회와 성도들을 바라보는 의식 자체가 정치적 시각이 아니라 목회적 시각으로 바뀌어야 한다.

무슨 일이든 어떤 시각으로 어떤 방향에서 바라보는가에 따라 다르게 보이고 전혀 다른 결론을 얻게 된다. 어느 위치에서 어느 방향으로 어떤 안경으로 어떻게 바라보는가에 따라서 전혀 다른 판단과 결정을 하게 된다. 시각에 따라 사건이나 사물 혹은 사역의 의미가 달라질 수 있고, 또 그 방법 역시 다르게 결정될 수 있다는 말이다. 그래서 장로들은 비록 목사가 아니어도 교회 사역이나 치리와 권징은 목회적 시각에서 보고 판단하고 처리해야 한다. 한국교회 장로들의 상당수가 장로의 직임을 수행하고 교회를 치리하고 목사의 목회를 돕고 사역에 참여하면서 그 시각이 목회적이지 못할 때가 있다.

필자는 교회를 시무할 때 이 문제를 심각하게 생각하여 여러 사역을 목회적 시각으로 볼 수 있도록 변화를 시도해 보았다. 당회나 성도들

그리고 목회자 자신이 의식뿐 아니라 교회 목회 방향에도 많은 변화를 경험했다. 예를 들면 먼저 "교회 사무실"을 "목회지원실"로 명명하여 간판을 바꾸어 보았다. 그 결과 목회자인 나부터도 목회지원실의 직원이나 일들이 다르게 보였다. 사무실 직원들이 단순히 교회의 사무 행정 처리를 하기 위한 직원들이 아니라는 생각을 가지게 되었다. 모든 직원, 행정 담당 교역자나 실장, 그리고 운전이나 청소를 하는 분들까지도 의식의 변화가 왔다. 그 방에 있는 모든 사람들, 그리고 기기들까지 모두 교회 행정이나 교회 관리나 운전, 교회 청소까지 다 목회를 지원하는 사역이라는 의식을 갖게 되었고 직원 각자가 스스로 담임목사와 목회를 함께하는 목회 팀이 되는 것을 경험했다. 뿐만 아니라 교회 성도들 역시 더 이상 그 방을 사무실이 아니라 목회지원실로 인식하고 직원들을 대하는 태도도 달라졌다. 단순한 사무실이 아니라 목회를 지원하는 방으로 인식할 때 그 방을 출입하는 자세가 달라졌다.

이후로 교회는 모든 사역을 목회라는 이름으로 시행했다. 재정 관리를 "재정목회"로, 교회 관리를 "관리목회"로 고쳤다. 모든 것을 목회적 시각으로 보고 목회에 함께하는 마음으로 사역을 감당함으로써 실제적으로 많은 사역에서 효율성을 기할 수 있었다.

교회가 가까운 대학과 전철역 앞에 청년비전센터를 세웠다. 대학가이고 전철역 주변이어서 청년 문화가 만들어져야 했지만 당시 거기는 문화 공간이라고는 주로 대학교재를 파는 책방 하나와 지하에 있는 극장뿐이었고 극장조차도 포르노 극장으로 젊은이들의 정서 함양에는 부정적인 영향밖에 끼칠 수 없는 문화의 불모지였다. 그 외에는 거의가 호프집, 카페나 술집, 식당 등 유흥가에 지나지 않는 시설뿐이었다. 거기에서 생명의 문화는 찾아볼 수 없었고 죽음의 문화가 득실거리는 유흥가가 되어 있었다.

이를 안타깝게 여긴 교회가 이 죽음의 영이 득실거리는 거리에 생명문화의 DNA를 심자는 목적으로 청년비전센터(Morning come Land, 아침 해가 떠오르는 땅)를 세웠다. 그리고 각종 문화 행사, 전시회, 세미나를 개최하고 건전한 도서를 비치하고 또 저렴한 값으로 차를 마실 수 있도록 배려하고 가스펠송 등 건전한 음악을 들려주는 기독교 문화 공간으로 자리매김을 했다. 어느 정도 경영이 가능할 것으로 생각하고 담당 사역자도 배치하고 제법 청년 문화 공간으로 체면을 유지하도록 꾸몄다. 예상 외로 호응이 컸고 이름을 얻어가는 좋은 문화 공간이 되어 갔다. 특히 주변 대학의 기독교 동아리들과 연계하여 문화활동을 하고, 또 중국에서 유학 온 학생들을 위한 모임의 장소로도 제공이 되어서 선교의 또 하나의 장을 열어갔다.

그런데 문제가 발생했다. 엄청난 재정이 필요했다. 처음에는 저렴한 가격이긴 하지만 커피 등 차를 팔고 공연이나 전시회를 하고 또 전문적인 사역자가 경영을 하면 어느 정도 자급자족이 될 것으로 기대했지만 적자의 폭이 생각 외로 컸다. 몇 년 후 교회 연말 당회에서 이 문제가 공식적으로 거론되었다. 이렇게 적자폭이 크고 재정 지출이 많은데 이 일을 계속해야 할지 그만두어야 할지를 토론하였다. 어느 당회원도 이런 과다한 재정 지출의 현실적 문제에 대하여 예상하지 못했다. 당회는 이 문제에 대하여 상당히 많은 토론과 염려를 하게 되었고 점차 문을 닫는 것이 가장 합리적인 결정이라는 쪽으로 의견이 기울어졌다. 그러나 당회는 이외의 결정을 했다. 계속해야 하는 쪽으로 결론을 낸 것이다.

이유는 하나였다. 우리가 이 사역을 어떤 시각으로 볼 것인가 하는 문제였다. 폐업을 하기 전에 한 번 더 짚고 넘어가기 위하여 청년들의 방문자 수를 확인하였다. 한 달에 몇 명의 청년들이 우리 센터를 방문하는가 하는 통계를 확인했는데, 그 결과 이 센터에 매월 대략 이천여 명의 대학생, 청년들이 방문한다는 통계가 나왔다. 장로들의 생각이 달라졌다. 그리고 이 문제를 다시 검토하기 시작했다. 이 사역을 경영적인 시각으로 본다면 당장 그만둬야 한다. 이토록 많은 지출을 교회가 감당한다는 것은 너무나 큰 낭비이기 때문에 더 이상 유지할 수 없었다.

그런데 우리는 왜 이 센터를 운영하는가? 경영을 위한 것인가? 선교를 하기 위한 일인가? 돈을 벌기 위한 것인가? 청년들을 살리기 위한 것인가? 이 문제를 경영적인 시각이 아니라 목회적인 시각으로 바라보게 되었다. 이 센터를 시작한 이유는 한 가지였다. 죽음의 문화가 득실거리는 거리에 생명 문화의 DNA를 심자는 목회적 목적, 교회의 본질적 목적을 위한 것이었다. 그렇다면 이 센터 존폐의 결정은 철저히 목회적 시각으로 바라보고 검토해야 한다. 이 센터가 경영적 차원에서 얼마나 도움이 되는가가 아니라 센터를 설립한 목회적 목적에 얼마나 부합하는가, 이 목적을 어느 정도 달성하고 있는가를 봐야 한다.

당회는 이 센터의 목회적 목적이라는 시각으로 다시 검토했다. 그리고 이 센터에 매월 2천여 명의 대학생, 청년들이 다녀가고, 그들이 비치된 복음서적을 읽고, 들려주는 복음송가를 듣고, 그리고 전시된 기독교 미술을 감상하고, 매주 토요일마다 열리는 기독교 문화강좌 등에 참여한다는 사실을 발견했다.

당회는 최종 결정을 했다. 이 센터를 경영적 시각으로 보면 더 이상 운영할 이유가 없다. 재정적 손실이 너무 크기 때문이다. 그러나 이 센터 운영을 목회적 시각, 청년 문화를 심자는 목적으로 보면 우리는 그 정도의 재정으로 어떻게 매월 2천여 명의 청년들에게 기독교 문화를 보여주고 복음의 메시지를 들려줄 수 있겠는가? 결론은 간단했다. 이 센터를 경영적 시각으로 보면 문을 닫아야 하지만 목회적 시각으로 보면 계속해야 한다. 장로들은 이 문제를 목회적 시각으로 봄으로 청년 문화 운동이 계속 될 수 있었다. 물론 그 후 이 센터를 교회 옆으로 옮겼지만 결정의 가장 중요한 기준을 경영적 시각이 아니라 목회적 시각으로 삼았다는 좋은 사례가 될 수 있다.

그렇다. 교회의 최고 목표는 생명 구원 사역이고 이런 목회적 시각으로 모든 문제를 볼 때 교회의 사명을 잃지 않고 건강한 목회를 할 수 있을 것이고 이런 가치를 가진 장로들의 목회 지원은 교회를 더욱 더 든든하게 세울 수 있을 것이다.

6) 원칙을 중시하라

　사람들이 빠지기 쉬운 아주 위험한 문제는 바른 삶보다 쉬운 삶을 찾는다는 것이다. 바른 길보다는 지름길을 선호한다. 바로 가는 것보다 빨리 가는 것을 따르기 쉽다. 교회나 교회 지도자들까지도 능률과 효율성의 유혹에 빠질 위험이 있다. 그래서 법을 알고 성경의 교훈이나 하나님의 뜻도 알지만 더 쉽고 빠른 길을 택하고 목적이 수단을 정당화할 것으로 착각한다. 좋은 일이라면 수단이나 방법이 좀 당당하지 못하거나 꼭 신앙적이지 않아도 어쩔 수 없고 좋은 일을 위해서는 그 정도는 괜찮다고 착각하기 쉽다.

　예를 들면 교회의 외형이 크게 보이기 위하여, 또는 상회비 부담금을 줄이기 위하여 교인 통계 보고 등에 정직하지 못한 경우가 종종 있다고 한다. 사역의 효율성을 위하여 바른 길보다는 지름길을 택하고 국가법이나 교단의 법을 바로 따르기보다는 편법을 사용하는 경우가 있다. 그래서 교회 통계에 대한 신뢰가 떨어지고 그 정직성을 의심받게 된다. 오늘 우리 한국교회 지도자들이 성도들로부터 존경받지 못하는 이유 중에 하나가 진리나 정의가 아닌 줄 알면서도 사역이나 삶의 효율성을 앞세운 편법이나 탈법을 행하기 때문이다.

　장로의 직임을 수행함에 있어서 정말 중요한 것은 절차적 정의 곧 과정상의 정의이다. 아무리 좋은 목적과 효율성이 기대가 되어도 편법이나 탈법이 아니라 바른 길을 걸어가는 것이 참으로 중요하다. 교회의 결정이나 사역이 철저히 신앙적 원칙의 토대 위에 행해져야만 교회가 든든히 설 수 있다. 사실은 지름길보다 바른 길이 더 빠르다. 편법이 원칙보다 더 쉬운 줄 착각하는 실수가 교회를 어렵게 만들고 결과적으로 성장이나 사역을 더디게 하고 자가당착에 빠지게 만든다.

우리가 흔히 듣는 말 중에 정의가 최고의 법이고 최고의 정책이라는 말이 있다. 하나님께서 출애굽한 이스라엘이 가나안에 들어가기까지 40년을 광야에서 방황하게 하신 이유는 하나님의 무력함 때문이 아니라 그들에게 자신들의 삶의 방식을 버리고 하나님의 역사 인도를 경험하게 하기 위함이다. 그것이 이스라엘의 가나안 입성의 가장 빠른 길이었고 지름길이었다. 가나안에 빨리 들어가는 것보다 더 중요한 것은 바른 과정과 절차를 통한 입성이었고, 그들이 살아갈 가장 중요한 삶의 원칙을 배우게 하기 위함이었다. 특히 지도자들은 기본 원칙과 논리를 중시해야 한다. 늦더라도 바로 가야 한다. 바른 길이 가장 빠른 길이다.

지도자가 빠지기 쉬운 실수가 바로 효율성이다. 지도자는 자신의 리더십이 만능인 것처럼 보여주고 싶어 한다. 실패나 실수를 보여서는 안 된다는 강박관념이 있다. 그래서 기본 원칙보다는 쉬운 방법, 빠른 방법, 가시적 효과를 택하기 쉽다. 그러나 원칙을 더 중히 여겨야 한다. 성도들은 장로들의 리더십에서 일의 효율성이나 일의 능력보다는 신뢰를 보고 싶어 한다. 장로가 믿을 만한가를 눈여겨본다. 그 신뢰는 철저한 원칙과 기본에 충실한 자세에서 생겨난다. 장로가 되었다는 그 사실만으로도 먼저 하나님이 안심하시고, 목회자들이 안심하고 교우들이 안심할 수 있도록 신뢰를 받아야 한다. 그럴 때 모든 권위가 세워지고 사역이 온전해지고 헌신하게 된다.

하나님은 직임을 주시면서 은사를 함께 주신다. 하나님이 주신 그 은사를 선용하여 하나님의 뜻을 세워야 한다. 늦고 효율성이 떨어지고 때로는 무능한 것처럼 보일지라도 철저히 신뢰할 수 있는 장로가 되어야 한다. 그것이 바로 장로들의 원칙을 중시하는 태도에서 나온다. 거기서 진정한 권위가 세워진다.

7) 교회를 거룩하게 세우라

교회는 거룩한 공동체이다. 교회의 능력은 거룩함에 있다. 교회의 진정한 힘은 교인수나 재정의 풍성함이나 건물의 웅장함에 있는 것이 아니라 거룩성에 있다. 하나님께서는 당시의 백성들을 거룩한 백성으로 부르셨다(출 19:6). 교회는 거룩함으로 부름 받은 신령한 공동체이다. 거룩함이 교회의 본성이고 본질이다. 교회는 거룩한 그리스도의 몸이며 성도들의 공회이다. 하나님의 주권이 행사되는 하나님의 나라이다. "하나님이 우리를 부르심은 부정하게 하심이 아니요 거룩하게 하심이니"(살전 4:7).

하나님의 택하심은 당신의 자녀들을 구별하심이다. 구별이라는 말이 곧 거룩이라는 말이다. "너희는 택하신 족속이요 왕 같은 제사장들이요 거룩한 나라요 그의 소유가 된 백성이니 이는 너희를 어두운 데서 불러 내어 그의 기이한 빛에 들어가게 하신 이의 아름다운 덕을 선포하게 하려 하심이라"(벧전 2:9)고 하셨다. 택하시고 부르신 목적이 바로 거룩함에 있다고 말씀하신다. 그리고 "오직 너희를 부르신 거룩한 이처럼 너희도 모든 행실에 거룩한 자가 되라 기록되었으되 내가 거룩하니 너희도 거룩할지어다 하셨느니라"(벧전 1:15-16)고 거룩한 삶을 요구하신다. "너희는 너희가 하나님의 성전인 것과 하나님의 성령이 너희 안에 계시는 것을 알지 못하느냐"(고전 3:16)라고 성도들을 일깨우신다. "평강의 하나님이 친히 너희를 온전히 거룩하게 하시고 또 너희의 온 영과 혼과 몸이 우리 주 예수 그리스도께서 강림하실 때에 흠 없게 보전되기를 원하노라"(살전 5:23)고 축복하신다. 성도(聖徒)들이다. 곧 거룩한 무리이다. 구별된 무리이다. 세상 사람들과는 다른 신분이고 다르게 살아야 하는 사람들이다.

　교회의 위기는 교인 감소가 아니다. 거룩성의 상실이다. 교인 감소나 사회적 신뢰도의 추락, 절대 가치를 상실하게 만든 주요 원인도 바로 교회의 거룩성의 상실에 있다. 교회가 거룩성을 상실하면 영향력의 감소를 넘어 자멸의 길로 들어서게 된다. 그렇게 잘 지은 예루살렘 솔로몬의 성전이 무력하게 바벨론의 말발굽 아래 돌 하나도 돌 위에 남지 않고 무참히 파괴된 것은 하나님의 무력함 때문이 아니라 이스라엘 백성의 거룩성의 상실에 있었다. 그들이 성전을 더럽힘으로 성전에서 하나님이 떠나셨고 하나님 없는 성전은 무력한 헛간에 지나지 않앉고 무자비한 바벨론의 군화 아래 짓밟히고 무참히 무너지게 되었다.

하나님께서는 성전을 지어 봉헌한 솔로몬에게 "네가 건축한 이 성전을 거룩하게 구별하여 내 이름을 영원히 그곳에 두며 내 눈길과 내 마음이 항상 거기에 있으리니 … 내가 네게 명령한 대로 온갖 일에 순종하여 내 법도와 율례를 지키면 … 이스라엘의 왕위를 영원히 견고하게 하려니와"(왕상 9:3b-5)라고 약속하셨다. 그 잘 지은 성전, 하나님께서 기뻐 받으시고 영원히 거하셔서 견고하게 하시겠다고 약속하신 성전이었지만 그들이 거룩성을 상실했을 때 하나님께서는 그 성전을 버리셨다.

거룩함의 상실은 하나님 상실이며, 공동체를 무너뜨리는 가장 무서운 악이다. "누구든지 하나님의 성전을 더럽히면 하나님이 그 사람을 멸하시리라 하나님의 성전은 거룩하니 너희도 그러하니라"(고전 3:17)고 말씀하셨다. 거룩성을 지키는 것이 성도의 생명이요 이것을 잃어버리면 멸망이다.

물론 가장 큰 거룩은 공동체 안에 우상을 제(除)하는 것이고 하나님의 명령을 지키는 것이다. 그것은 성도들의 삶으로 표현되어야 한다. 성도들 스스로 거룩한 하나님의 사람이 되어야 하고 그 열매로서의 삶이 거룩하여야 한다. 그 거룩함은 일차적으로 성도들의 삶의 경건성으로 나타나야 한다. 구별된 삶으로 하나님께 드려지고 하나님 자녀로서의 삶을 온전하게 살아야 한다. 특히 교회는 이 땅에 거룩성의 표본이 되어야 한다. 그리고 장로들은 그 모범이 되어서 교회를 거룩하게 이끌어 가야 한다. 교회는 자기주장이나 자기 목적을 위하여 모인 사람들의 모임이 아니다. 하나님에 의하여 하나님의 영광을 위하여 세워진 공동체이다. 교인 하나 하나가 바로 성령이 거하시는 거룩한 성전이고 그런 성도들이 모여서 거룩한 성전을 이룬다.

교회는 교회의 "거룩성"을 지키는 것이 교회를 섬기는 기초가 된다. 교회를 거룩하게 섬기는 구체적 행위는 성도들의 거룩하고 경건한 삶이다. 성도들이 지향하는 삶의 가치 곧 삶의 목적과 방법은 세상 사람들의 그것과는 다르다. 자기의 목적을 이루거나 자기 의지를 따라 사는 것이 아니라 하나님 나라, 하나님의 뜻을 이루기 위해 거룩한 방법으로 살아가야 한다는 말이다. 그리고 그것은 특히 말과 행위로 나타나야 한다.

장로의 직임 중 가장 중요한 직임 중에 하나가 교회의 거룩성을 지키고 교회를 거룩하게 세우는 일이다. 교회에 정의가 없고 진리가 없고 정치만 있는 것이 교회들이 가진 무서운 병폐이고 교회의 미래를 어둡게 하는 무서운 적폐이다. 교회가 거룩성을 상실한 채 힘에 의하여 좌우되는 정치 집단이 되어서는 안 된다. 교회 당회실에서 거짓말이 난무하고 듣기 거북할 정도의 속된 언어가 상용되는 부도덕하고 비윤리적인 집단으로 전락하도록 방치해서는 안 된다. 교회를 움직이는 힘이 거룩성이어야 하는데 우격다짐으로 큰소리치는 자가 주인 노릇하는 현장이 되어서는 안 된다. 장로도 사람이니 혹 그런 신앙은 물론 상식조차 없는 장로가 더러 있을 수는 있다.

그런데 더욱 중요한 것은 교회의 거룩성을 함부로 유린하는 장로가 있어도 동료 장로라는 이유로, 또 부딪치기 싫다는 이유로, 그냥 좋은 것이 좋다는 생각으로 불의나 부정을 방치해서는 안 된다. 더욱이 교회를 어지럽히고 교회의 거룩성을 마구 훼손하는 자와 실없는 대화로 어울려서는 안 된다.

거룩한 교회가 악하거나 윤리성이 없는 사람들에 의하여 지배되고 의(義)보다는 이(利)를 취하는 메마른 정치 현장이 되어서는 안 된다. 교회는 어떤 경우에도 옳아야 하고 거룩하게 지켜져야 한다. 교회의 문제 중에 하나는 교회에 권징의 능력이 없다는 것이다. 교단 헌법에는 엄격한 권징 규정이 있지만 교회가 그 권징권을 행사할 만큼 당당하지 못한 때문일 것이다. 그래서 교회가 법과 신앙 양심이 바로 서지 못하고 분명한 의가 세워지지 못하고 도리어 큰 소리 치는 자가 주인 노릇하는 형국이 되어 버린다. 우격다짐으로 덤비는 소위 막가파가 교회를 장악하고 당회를 주도하여 교회를 더럽히지 않도록 해야 한다.

오늘 한국교회 장로들의 큰 문제 중에 하나가 자정능력이 없다는 것이다. 스스로 거룩성을 세워갈 능력이 없는 것이 문제다. 그래서 의는 사라지고 차츰 불의한 세력이 교회를 장악하고 그것이 일상화 되고 당연시 된다는 것이 큰 문제이다. 그것이 그 교회 문화가 되고 그것이 그 교회의 정신이 되어 버리는 것이 문제이다. 어느 공동체든지 도덕성을 잃어버리면, 곧 정신이 썩으면 그 공동체는 무력한 공동체가 된다.

교회의 윤리적 문제란 무슨 악을 행한다거나 비윤리적인 행동을 하는 구체적인 행위뿐만이 아니다. 그보다 더 큰 문제는 불의나 악을 용납하는 문화의 문제이다. 죄나 악을 행하는 자를 용납하고 악을 행하는 자와 멍에를 함께 진다는 것이 문제이다.

악을 행한 사람은 그 공동체, 그 거룩한 공동체에 어울리지 못하게 하고 또 멍에를 함께 지지 못하게 해야 한다. 아이 용납되고 악을 행하고도 부끄러운 줄 모르도록 용납함으로써 교회공동체를 더럽혀서는 안 된다. 악한 짓을 하고도 당회에서 함께 어울리고 아무런 부끄러움 없이 함께하고 용납하는 장로들의 윤리성이 문제이다.

아무리 함부로 욕하고 교회를 폄훼해도 그와 함께하고 그것을 용납하고 장로로서 동료가 되어주고 그런 자와 같이 정책을 의논하고 교회 사역을 나누는 거룩성 상실, 자정능력의 상실이 문제이다. 그런 당회나 장로들이 거룩한 교회를 치리하고 권징을 행한다면 그 공동체는 이미 주님의 몸으로서의 기능을 상실하고 메마른 정치 집단으로 전락할 수밖에 없다. 아마 그런 교회 목회자의 목회야말로 매일의 목회가 전쟁일 수밖에 없을 것이다. 목회의 본래적 사역보다는 영적 전투에 목회의 사활을 걸어야 하고, 그런 장로들을 목회의 파트너로 삼을 수밖에 없는 심각한 어려움에 처하게 된다.

교회의 가장 큰 문제는 교회 치리와 목회의 근간이 되는 당회가 교회를 거룩히 세우려고 하지 않고 더러움을 공유하거나 방관하는 것이다. 당회의 중요한 책임은 스스로를 거룩하게 지키고 칼 같은 자정능력을 갖는 것이다. 장로는 교회 성장이나 부흥보다 먼저 거룩성의 회복, 스스로의 자정능력을 통해 교회를 거룩하게 세워야 한다. 그것이 교회를 바로 세우는 가장 우선적인 과제이다. 교회는 거룩한 공동체이지 메마른 인간들의 정치집단이나 이익공동체가 아니다. 교회의 능력은 거룩함에 있고 장로의 직분 역시 거룩하게 수행되어야 한다. 하나님이 거룩하시니 교회도 거룩해야 하고 교회의 거룩은 장로들이 지켜야 한다.

　장로의 권위는 거룩성이다. 거룩성을 인정받아야 치리를 하고 권징을 할 수 있는 힘이 생긴다. 교회에 권징이 사라진 중요한 이유 중에 하나가 장로의 거룩성의 상실이다. 성도들이 교회 치리에 복종하지 않거나 권위를 인정하지 않는 중요 이유는 장로들의 도덕성 곧 거룩성을 인정하지 않기 때문이다. 성도들이 장로들을 향하여 "자기들이 무슨 권위로?"라고 권위를 인정하지 않을 때 권징의 권위가 세워질 수 없다. 성도들이 장로들의 성직을 인정하고 존경할 수 있을 때 권징에 복종한다. 성도들이 장로들의 치리나 권징 앞에 눈물 흘리고 회개하고 겸손히 받아들일 수 있는 힘은 장로들의 거룩성에서 생겨난다. 그래서 장로가 본연의 사명을 다할 수 있음은 그 거룩성을 전제로 하고 거룩성을 인정받을 수 있을 때 교회에서의 모든 사역에서 권위를 갖게 되고 교회를 진리의 토대 위에 세울 수 있게 된다.

8) 사람을 살리고 사람을 세우라

　이 땅에서 교회의 가장 중요한 사역, 그리고 교회 지도자들의 가장 중요한 사역은 역시 사람을 살리고 사람을 세우는 일일 것이다. 그것이 교회의 존재 이유이고 목적이다. 그러기에 교회 최고지도자인 장로들의 사역 역시 생명 구원과 구원받은 사람을 온전한 하나님의 사람으로 세워 주는 일이 우선적인 과제여야 하며 사역의 내용이 되어야 한다.

성경 에베소서 4장 11~12절에서는 교회 직분자, 그 어떤 직분이나 직임이든 그 직분이 존재하는 이유를 이렇게 설명한다.

"그가 어떤 사람은 사도로, 어떤 사람은 선지자로, 어떤 사람은 복음 전하는 자로, 어떤 사람은 목사와 교사로 삼으셨으니 이는 성도를 온전하게 하여 봉사의 일을 하게 하며 그리스도의 몸을 세우려 하심이라."

직분의 목적은 성도를 온전하게 세우는 것, 주님의 몸인 교회를 온전하게 세우는 것이라는 말씀이다. 교회를 온전하게 세우는 것은 먼저 성도를 온전하게 세워야 한다는 전제에서 출발한다. 그래서 장로의 직임 역시 성도를 온전히 세우는 일이다.

사실 지금 한국교회는 상당히 주눅이 들어 있다. 침체된 교회 성장, 떨어지는 신뢰도, 더욱 더 세를 더해가는 교회에 대한 비난, 더 나아가서 이제는 교회에 대한 적개심조차 생겨나는 때를 맞이했다. 이런 때에 교회가 다시 일어서기 위해서는 목사는 물론 모든 교인이 당당함을 되찾아야 한다.

사람을 세워야 한다. 한국 기독교 역사상 가장 자랑스러운 것이 바로 사람을 세운 일이다. 개화기의 이 나라의 지도자는 거의가 다 교회가 세운 사람들이었다. 교회가 심히 어려울 때이지만 가장 힘써 한 사역이 바로 사람을 세우는 것이었다. 많은 기독교 학교와 교회마다 주일학교는 이 땅에 기독교 인재를 양성하는 요람이었다.

필자 역시 그랬다. 산골 오지에서 태어난 필자는 교회 어른들에 의하여 당당하게 자랄 수 있었다. 촌뜨기 어린 나를 세운 것은 교회에서 받은 어른들의 보살핌 덕분이었다. 어른들은 산골 동네에서 주일학교에 어린 나에게 천하에 귀한 하나님의 자녀라는 긍지를 심어주었고, 교회에서 배운 요셉 이야기, 다니엘 이야기, 다윗 이야기는 나에게 큰 꿈을 심어 주었고 그 꿈이 내 성장에 큰 힘이 되었다. 교회 어른들로부터 받은 칭찬과 격려가 어렵고 힘든 가정형편에서도 끊임없이 공부하며 낙심하지 않고 도전할 용기가 되었다.

사실 그 격려는 장성하여 목회를 하던 때에도 큰 힘이 되었다. 어른도, 지도자도 격려가 필요하고 부축하고 도와줄 힘을 필요로 한다. 필자는 참 어리바리한 사람이었다. 그나마 목회를 무사히 마칠 수 있었음은 전적으로 나를 돕고 격려해 준 교회 지도자들의 덕분이라는 생각을 늘 한다. 참 좋은 분들을 만나서 목회자로 살 수 있었다. 그래서 나는 늘 "인복(人福)"이 많은 사람이라는 자랑을 한다.

필자는 전기도, 전화도 없고 교통수단이라고는 자전거밖에 없는 시골 동네에서 5명의 성도들이 있는 작은 교회에서 목회를 시작했다. 그리고 몇몇 시골교회를 목회하다가 서울에 있는 교회 전도사로 부임을 하였다. 정말이지 당시 나의 걱정은 "어떻게 성도들을 잘 돌볼 수 있을까?" 하는 목회에 대한 염려보다는 나 같은 어리바리한 촌사람이 서울에 있는 교회에 잘 적응할 수 있을까가 더 큰 염려였다. 실제로 필자는 스스로 너무나도 부족하여 교인들을 돌보기보다는 내가 돌봄을 받으며 전도사 생활을 했다. 전임전도사 부임 설교를 들은 장로님들이 하신 "참 좋은 설교였다", "조금만 더 잘 준비하고 열심히 하면 앞으로 아주 훌륭한 설교자가 될 것이다"라는 격려가 자신감을 더해 주었다. 나중에 들은 이야기이지만 권사님들이 나를 위해 교회 지하실에 모여서 기도로 도왔다고 한다.

시골교회 건축을 할 때 신고 다녔던 털신을 신고 심방을 다닌 나의 무례함을 구두를 사 주시면서 깨우쳐 주신 부끄러운 경험도 있었다. 부목사 때는 교회 문화나 현실에 맞지도 않은 일을 저질렀어도 "젊은 목사가 잘하려고 하는 일이니 나 혼자라도 도와주자", "젊은 부목사가 열심히 하려고 하는데 실망을 주면 안 되니까 나라도 열심히 가서 도와주자"라는 장로님들 각자의 무언의 협력이 합력하여 선을 이룬 경험도 있었다. 무능한 목사를 유능하도록 세워 주신 것이다.

연동교회에서 시무할 때 아버지처럼 나를 도와주고 보살펴주신 분이 있다. 내가 신양교회에 담임목사로 부임한 이후에도 3개월간을 1부 예배에 오셔서 말없이 지켜보시고 무언으로 격려해 주신 장로님을 잊을 수 없다.

어떤 교회가 좋은 교회인가? 건물이 좋은 교회가 아니다. 사람이 많이 모이는 교회도 아니다. 사람 살리고, 사람 세우는 교회가 좋은 교회이다. 어떤 장로가 좋은 장로인가? 사람을 살리고 사람을 세워 주는 장로가 좋은 장로이다. 교회는 잘하고 능력 있는 사람만 모이는 곳이 아니다. 오히려 인간적으로 부족한 사람이 모이는 곳이 교회일 수도 있다. 그러나 그런 사람을 세워 주고 키워 주고 만들어 주는 공동체가 교회공동체이다.

때로는 교회도 사람들의 모임이기 때문에 의견이 다르고 생각의 차이로 인해 갈등이 유발될 수도 있다. 그러나 무슨 일이든지 자기 잣대로 사람의 옳고 그름을 재단해서는 안 된다. 모두가 다 일리가 있기 때문에 자기 의나 주장을 양보하지 못해서 갈등이 유발될 수도 있다. 이때 가장 중요한 것은 상대방을 굴복시키기보다는 하나가 되어 함께 세우는 능력을 발휘해야 한다. 피차 다치지 않고 상처 받지 않도록 상대를 인정하는 믿음이 필요하다. 서로에게 맞추기보다 주님의 십자가에 자신을 맞출 수 있다면 모두가 다 하나 될 수 있고 상대를 세워 주면서도 의를 세워갈 수 있다. 서로 맞출 수는 없다. 다 다르기 때문이고 나름대로 일리가 있기 때문이다. 한 쪽이 일방적으로 틀린다면 차라리 하나 되기 쉽지만 양쪽이 다 일리가 있다는 것이 문제이다. 중요한 것은 어떻게 서로를 세워 주는가에 초점을 맞춘다면 해결이 가능하다. 기회가 있을 때마다 서로 세워 주면 각자의 의견 차이보다는 동질성을 중시하게 되고 하나가 될 수 있다. 서로 다름은 상호 보완의 요소가 될 수 있기 때문이다.

모두가 다 온전히 바로 설 수 있다. 더 좋은 삶을 살기 원한다면 남들이 더 좋은 삶을 살도록 격려해야 한다. 많은 경우 불필요한 말이나 일로 마음 상하고 넘어지는 경우가 많다. 어디를 가든 사람들을 격려하고 세워 주고 더 높은 단계로 끌어올려 주어야 한다. 우리 곁을 지나가는 사람들이 이전보다 더 온전하도록 도와주어야 한다. 특히 장로는 자기를 만난 성도들이 더 온전해지도록 사람들이 자신을 만난 후 절망감이나 패배감보다는 용기와 도전을 받도록 해야 한다. 그것이 장로의 지도력이고 교인 돌봄이고 헌신이 된다. 사람을 세우는 것보다 더 위대한 일은 없으며 인간 경영만큼 위대한 투자는 없다. 관계는 성과보다 훨씬 더 중요하다.

세계 각국의 정계(政界), 관계(官界), 재계(財界)의 수뇌들이 모여 각종 정보를 교환하고, 세계 경제 발전 방안 등에 대하여 논의하는 세계에서 가장 권위 있는 경제 포럼인 다보스 포럼에서도 이제는 자본보다 인재가 중요하고 특히 디지털시대의 가장 큰 자본은 인재라는 결론을 내렸다는 보도를 읽은 적이 있다. 교회도 그렇다. 교회에서 가장 중요한 것은 교회 건물이 아니라 교회에서 나오는 사람이다. 그래서 교회는 사람을 세워야 한다.

특히 장로는 사람을 세우는 지도자가 되어야 한다. 사람을 세우는 것이 미래를 세우는 일이다. 사람의 미래가 교회의 미래이다. 하나님께서는 장로들에게 교회와 사람을 세울 책임을 주셨다. 무엇보다 중요한 것은 섣부른 판단으로 사람을 보지 않아야 한다. 될성부른 나무는 떡잎부터 보면 안다. 그러나 될성부른 사람은 어릴 적부터 봐도 모른다. 사람의 장래는 하나님만이 아신다. 어느 누구라도 하나님이 세우시면 위대하게 될 수 있다. 그래서 사람이 판단하면 안 된다. 사람의 현실이나 눈에 보이는 외적 조건으로 사람을 판단하지 않아야 한다. 사람의 잠재력을 볼 수 있어야 한다. 설사 지금 옳은 길에서 벗어났더라도 포기해서는 안 된다. 잠재력에 주목해야 한다. 나쁜 습관이나 마음에 들지 않는 구석이 보여도 정죄하거나 비판해서는 안 된다. 더 높은 단계로 끌어올려 줄 방법을 찾는 게 우선이다. "너를 위해 기도하고 있어. 너에게서 위대한 모습이 엿보여." 이런 마음으로 사람을 보아야 한다.

애벌레의 어디에도 나비가 될 것 같은 부분이 없다. 그러나 애벌레가 커서 나비가 된다. 굼벵이에서 매미의 모습이 보이지 않지만 매미는 굼벵이가 환골탈태하여 된다. 환골탈태(換骨奪胎)하니 징그러운 애벌레가 나비가 되고, 징그러운 굼벵이가 매미가 된다. 교회는 사람을 환골탈태하게 하는 공동체이다. 교회 지도자는 사람들을 환골탈태하도록 돕는 자이다. 씨 안에 담긴 나무를 보라. 작은 씨 안에 아름드리 나무가 들어 있다. 작은 씨를 작은 알갱이로만 보지 말라. 거기 담겨 있는 엄청난 나무를 보라. 씨를 심는 것은 나무를 심는 것이다. 예수님은 사람의 잠재력을 보셨다. 조약돌에 지나지 않는 게바 시몬을 그 위에 교회를 세울 만큼의 반석(베드로)으로 보셨다. "너는 지금은 조약돌에 불과하다. 하지만 내가 너를 완성하면 바위가 될 것이다. 너는 강하고 견고하고 튼튼해질 거야." 이것이 그를 베드로로 보신 것이다. 예수님은 사람의 약점이나 흠이 아니라 뻗어갈 미래에 주목하셨다. 주님을 세 번이나 부인한 베드로를 다시 찾아가 격려하고 결국 그에게 교

회를 맡기셨다. 그래서 그는 예수님을 위해 십자가를 거꾸로 지는 순
교를 할 수 있는 위인이 될 수 있었다.

마치면서…

　장로직은 참으로 존귀하고 영광스러운 직분이다. 비록 성의를 입고 있지 않지만 장로는 또 하나의 성직자이고 세상에 살지만 하늘에 속한 하나님의 사람이다. 장로는 목회자는 아니지만 목회를 하는 사람이고 교인이면서도 교회를 책임져야 할 선택된 사명자이다. 장로의 일터는 교회가 아니라 세상이지만, 그래서 각자의 생업에 전력하지만 장로는 하나님의 동역자로 부름 받은 사람이다. 그러므로 장로를 바로 세우는 것이 교회를 바로 세우는 것이며, 사명감에 대한 장로의 의식과 열정이 교회의 미래를 결정한다. 따라서 장로는 끊임없는 자기 갱신과 훈련을 통하여 스스로를 온전한 지도자로 세워가야 한다. 장로 됨이 단지 명예가 아니기에 장로는 주어진 책임과 권한을 함께 이룰 수 있는 명(名)이 실(實)한 지도자의 자격과 권위를 가져야 한다.

　장로는 교회의 치리와 권징을 담당하는 기초 치리회의 회원일 뿐 아니라 노회와 총회 등을 통하여 교단을 이끌어 가는 중요 직분이요, 최고의 직임이다. 장로는 목사를 도와 교회의 입법, 사법, 행정권을 행사하며 교회의 방향과 목사의 목회의 성패를 좌우할 수 있는 직분이다. 교인을 대표하여 교회 운영을 책임진 존귀한 직분이요, 책임 있는 직분이나. 특히 한국 기독교 역사에서 장로는 아름다운 희생과 성숙한 인격의 대명사였다.

그러나 기억할 것은 장로직이 영광스럽고 존귀하기 위해서는 그 위상에 맞는 섬김과 봉사가 있어야 한다. 교회의 모든 직분과 직임은 섬기는 직분이고, 종이 되는 자리이고, 희생에 앞장서는 직분이기 때문이다. 더욱 중요한 것은 장로 됨이 섬김의 끝이 아니라 섬김의 시작이라는 것이다. 잘 섬겼기 때문에 장로로 세워진 것은 사실이지만 장로가 되었기에 더 잘 섬겨야 한다. 장로가 되었으니 이제 섬김을 받아도 된다는 생각은 착각이다. 장로가 되었으니 섬김의 자리에서 영광을 누리는 직분으로 신분이 상승된 것이 아니라 장로가 되었으니 이제는 장로로서 더 잘 섬겨야 하는 직분이 된 것이다.

장로는 교회 정치 현장에서 각 치리회(당회, 노회, 총회)에 많은 권한을 가지지만 언제나 기억해야 하는 것은 장로는 섬기는 봉사자라는 의식이다. 장로가 봉사자의 자리에서 지배자의 자리로 신분이 상승된 것으로 착각하는 것 자체가 장로의 위상을 추락시키는 원인이 된다. 장로는 사실 교인들에게 "저 장로님처럼 교회생활하고 싶다", "저 장로님처럼 섬기고 싶다"는 말을 들을 때 가장 존귀하고 영광스럽다는 것을 알아야 한다.

장로는 목회자의 감시자가 아니라 협력자요, 교인을 감독하는 자가 아니라 교인을 섬기는 자여야 한다. 장로가 스스로의 위상을 세운다고, 혹은 교회나 목회자로부터 무시당하지 않겠다는 열등감의 발로나 헛된 영웅심으로 목회에 딴죽을 걸고 트집을 잡는 것이 장로의 위상을 지킨다고 생각한다거나 당회 안에서 목사의 견제세력이 되어야 한다는 생각은 교인들이나 목회자에게 스스로 무시당할 빌미를 제공하는 것이다. 장로의 위상은 교인들의 존경으로 세워지는 것이지 목회를 간섭하고 교인을 억눌러 위력으로 쟁취하는 것이 아니다. 존경은 강제적으로 유발시키는 정서가 아니다.

장로의 위상은 스스로 세우는 것이 아니다. 하나님께서 목사나 성도들을 통하여 세워 주셔야 한다. 인위적인 어떤 방법이나 노력이기보다는 섬김을 통하여 자연스럽게 형성되는 것이어야 한다. 그래서 교회 권력이나 명예에 허기진 듯한 모습을 보이는 것은 바람직하지 않다. 특히 당회나 노회나 총회에서의 장로의 태도는 교회는 물론 노회나 총회의 위상에 상당한 영향을 준다. 교회의 경우 연말이 되면 비본래적인 문제로 당회를 긴장하게 하는 경우가 있다. 새해에 교회의 어느 위원회를 맡을 것인가 하는 소위 힘 있는 부서의 장이 되려는 교권에의 관심 때문이다. 그래서 자기 마음에 들지 않은 직임이 맡겨지면 그 직임을 맡지 않겠다고 핑계를 대든지, 다른 시비를 하여 교회를 어지럽게 하여 스스로의 존엄성을 훼손하는 경우가 있는 것은 다 스스로를 세우고 힘이나 명예를 통하여 위상을 세울 수 있다는 잘못된 가치에서 기인되는 행위이다. 노회나 총회가 다가오고 소위 교단의 정치철이 되면 상당한 정치적인 움직임으로 교회의 위상이 흔들리는 것은 긍정적인 면보다는 부정적인 면이 더 많다. 교단이나 교회 정치와 관계없이 묵묵히 교회 사역에만 전념하는 더 많은 수의 장로들이 있지만 지나치게 교권에 관심을 가진 분들 역시 많은 것이 현실이다. 교회 치리를 담당한 장로가 교회나 교단 정치에 무관심한 것도 교회 치리자로서의 책임 있는 자세는 아니다. 그러나 많은 목회자들은 자신이 섬기는 교회 장로들이 가능하면 정치에 물들지 않기를 바란다. 교회나 교단의 정치는 모르고 교회 사역에만 전념하는 것도 바람직한 일은 아니지만 목사들의 그런 정서 역시 현실이다. 과도한 정치적 관심과 교권에 대한 집착이 가져온 정서적 부작용이라고 할 수 있다. 장로들이 자신의 위상을 세우고 정치적인 힘을 갖고 스스로를 높이는 일에 직분을 이용하지 않기를 바라는 것이다.

임직을 받을 때는 누구나 섬기고 봉사하겠다는 각오로 임직을 받는다. 임직받는 순간의 그 순수한 헌신의 결단은 정말 거룩하다. 모두가 헌신과 결단의 다짐으로 기름 부음을 받는다. 그 누구보다 더 큰 섬김의 사람으로 자신을 드려 장로가 된다.

장로라는 교회 최고 정책 담당자로 교회를 섬기면서 자신도 모르는 사이에 세상적인 가치관으로 자신의 권위를 세우려고 하고 섬김보다는 높임을 받는 일에 익숙해지기 쉽다. 심각한 자기반성 없이 교회를 치리하고 진리에 대한 뼈아픈 각성 없이 지도자가 되어버릴 위험이 있다. 그래서 높은 자리에 앉고 존경의 박수를 기다리며 교권에 민감한 부끄러운 범인(凡人)이 되어버릴 가능성이 있다. 가르치는 일은 좋아하면서 겸손히 배우지 않고, 변화되는 새 역사에 자신이 없어서 스스로를 보수주의자로 만들어 눈부신 변화의 현장에서 과거의 지식이나 경험을 골동품처럼 껴안고 시대적인 변화를 애써 외면하는 우를 범하기 쉽다. 때로는 기득권에 안주하고 변화에 대한 자기 방어를 위해 청순한 신앙과 그리스도를 향한 뜨거운 정열을 가진 목회자들을 마치 기득권을 저해하는 또 하나의 경쟁자로 혼동하여 목회의 걸림돌이 되고 하나님의 역사에 방해자가 되는 실수를 범하기도 한다.

순수한 헌신과 섬김의 결단으로 장로가 되었지만 차츰 교회 안에서 힘이 생기고 또 추종하는 사람들이 생기게 되면 그 자리에 안주하고 싶고 영향력을 확대하고 싶은 정치적인 욕심이 생긴다. 그래서 스스로를 특별한 사람으로 착각하여 교인의 지배세력으로, 목회자의 목회 견제세력으로 똬리를 틀고 앉아 교회 안에 세속적 권력을 전염시키는 무서운 실수를 하게 된다. 결국은 목회자의 짐이 되고 교인들의 지탄이 되어 위상을 추락시키는 불행을 자초한다. 그래서 장로는 기회 있을 때마다 자신의 좌표를 확인하고 겸허한 마음으로 자신을 돌아볼 필요가 있다.

장로의 처신 중에 가장 어렵고 또한 주의 깊은 노력을 필요로 하는 것은 언제나 목회자와의 관계이다. 이 문제는 많은 경우 기본적인 관계 설정의 오류에서 갈등이 시작된다. 목사와 장로는 협력자이지 대립이나 경쟁상대가 아니다. 목회자를 경쟁자(라이벌)로 생각하는 오만하고 어리석은 장로들이 있어서 협력과 하나 됨을 갈등과 대립과 긴장으로 몰아가서 소모적인 정쟁(政爭)으로 교회의 힘을 낭비하고 선교를 위해 선력투구하지 못하게 하고 목회력을 약화시킨다. 장로는 목회자의 목회를 꽃피우게 하여야 한다. 그러므로 장로는 목회에 대한 반석같은 자기 철학이 있으면 안 된다. 장로에게는 섬김과 충성의 철학만 있어야 한다. 그래서 담임 목회자의 목회 철학에 동역해서 건강한 교회를 세워 나가야 한다. 장로 자신의 목회 철학이 아니라 담임목사의 목회 방향에 자신을 온전히 적용하여 조화를 이루어야 한다. 담임목사의 목회 철학을 철저히 검증하여 청빙하고, 청빙된 후에는 철저히 도와야지 목회자를 청빙해 놓고 소신껏 목회를 감당하지 못하도록 여러 방법으로 흔들고 어지럽히는 것은 장로 스스로의 위상 재고를 위해 바람직한 것이 아니다.

장로의 위상을 스스로 무너뜨리는 또 하나의 문제는 당회가 당회로서의 기능을 제대로 발휘하지 못하는 것이다. 당회가 제직회의 기능까지 잠식함으로 정책 입안자인 당사자가 입안된 정책을 시행까지 하려들고 또 생각 없는 입안과 전문성 없는 시행으로 당회의 신뢰를 잃어버리는 경우가 많다. 당회가 입법, 행정, 사법의 3권을 장악하고 초헌법적 기관으로 군림하는 바람에 사역기관인 제직회의 역할이 유명무실해지고 사역의 효율성을 약화시킨다. 자신들이 일을 잘하는 것보다 제직들이 일을 잘하도록 해 주는 것이 교회나 당회 위상을 위해서 좋다. 당회는 정책을 세우고 제직회는 그 정책을 시행하는 구조가 되어야 한다.

또한 당회가 효율적인 정책 입안과 의견 수렴을 위해서는 당회 회의를 공개하는 것이 좋다. 당회가 밀실회의가 되게 하지 말고 각 기관 대표를 옵서버로 참여시켜 정책 논의과정을 공개하고 필요한 의견을 수렴한다면 교회 정책의 공감대를 형성하고 시행을 효율적으로 할 수 있고 교회를 이끌어 가기 위하여 헌신하는 장로들의 수고를 이해하고 존경받게 될 것이다. 무슨 비밀 결사도 아니면서 당회는 비공개로 운영되어야 한다는 발상 자체가 권위주의적인 것이고, 권위주의는 권위를 잃어버리게 하는 중요 원인이 된다.

무엇보다 장로는 영적 능력의 소유자여야 한다. 당회가 교회 안에서 가장 기도하지 않는 집단, 가장 성경공부 안 하는 집단, 가장 영적이지 못한 집단, 영적 가치가 아니라 정치적인 역학을 따라 움직이는 집단, 성령의 역사가 아니라 인간 정치력이 움직이는 집단, 문제가 가장 많은 집단으로 치부될 때 장로의 위상이 어떻게 되겠는가? 당회실이 가장 신성하고 거룩한 공간이어서 교인들을 당회 앞에 숙연해지도록 해야 한다. 그것이 장로의 위상을 높이는 방법이다. 당회실에서 온갖 비속어가 난무하여 교인들의 손가락질을 받는다면, 당회실이 교회의 모든 문제가 생산되고 교회 사역에 제일 큰 걸림돌이 되는 속된 공간으로 전락한다면 그 결과가 어떻게 되겠는가?

또한 장로들은 세상 안에서 자기 전문성을 가지고 삶의 열매를 통하여 교회를 섬겨야 한다. 자기 삶의 전문성이 없기 때문에 목사의 목회전문영역을 간여하려고 하여 갈등을 일으킨다. 주님의 일을 한답시고 자신의 전문영역인 직업은 소홀히 하고 교회 일에 관심을 갖기 때문에 자기 직업에는 실패하고 교회에는 짐이 된다. 세상에서 주눅들다가 교회에 와서 큰소리치는 장로가 아니라 세상에서는 큰소리치지만 교회에서는 섬기는 장로가 존경을 받는다.

노회나 총회 그리고 장로의 장로로서의 대외활동 역시 교회를 세우고 사역을 극대화하기 위한 섬김의 노력이 있어야지 자신들의 교단 내의 정치적 입지를 세우기 위한 세력 형성의 수단으로 변질되어서는 안 된다. 장로 위상은 자신이 세우는 것이 아니라 하나님께서 세워 주셔야 하고 목회자나 교인들에게 존경받을 수 있도록 처신하는 것이 우선되어야 한다. 존경은 강요할 수 있는 것이 아니다. 사실 위상을 세우려고 하지 않는 것, 위상에 너무 민감하지 않고 묵묵히 섬기는 자가 되는 것이 장로의 위상을 높이는 일이다. 장로는 언제나 겸허한 자세와 자신의 부족을 인정하고 배우려는 자세를 견지함으로 자신을 스스로 세워감으로 결국은 교회와 성도들을 세워가는 장로의 직임을 잘 감당하게 된다.

아무튼 장로는 교회의 리더(Leader)이다. 교회가 장로에게 달려 있다. 장로들의 마음에 달려 있고 장로들의 헌신에 달려 있다. 장로 역시 영적 지도자이다. 그러므로 장로는 누구보다 더 철저한 자기 성찰과 겸손히 배우는 자세가 필요하다. 더 이상 방전(放電)된 전지(電池)처럼 무기력하게 시대에 끌려가서는 안 된다. 넘치는 영적 힘으로 교회를 섬겨야 한다.

교회의 지도자로서 장로는 늘 겸손히 배워서 자기의 일에 대하여 남보다 뛰어난 지적 능력과 일에 대한 확실한 이해로 판단을 바르게 하고 일의 방향을 바로 세울 수 있어야 한다. 그럴 때 장로는 성도들의 신행(信行)에 모범이 될 수 있고 지도력을 바로 행사할 수 있게 된다. 장로는 모범으로 가르치는 자이다. 단순한 지적 전달자가 아니라 시대를 바로 보고 역사를 바로 세우는 인도자가 되어야 한다. 장로는 당회실에 앉아 무용한 잡담으로 시간을 보내는 폐물이 아니라 교인들 앞에서 신앙의 모범을 보이고 사역의 샘플(Sample)을 제시하면서 역동적 교회 섬김을 몸으로 가르치는 사람이어야 한다. 그러므로 열심히 듣고 부지런히 훈련하여 어떤 형편에서도 지도력을 잃지 않는 지도자여야 한다.

장로는 탁월한 행정력을 가져야 한다. 교회의 질서를 세워서 목회자나 성도들이 효율적으로 사역할 수 있게 하는 안정된 환경과 여건을 조성해 줄 수 있어야 한다. 그러므로 장로는 시대와 역사, 오늘의 사회 상황과 특수한 교회 여건을 바로 파악하고 있어야 한다. 또한 장로는 겸손히 배우고 기도하며 하나님의 뜻을 구하고 목회자의 목회 철학을 세워 줄 영적 보조자가 되어야 한다. 겸허히 말씀을 듣고 어린아이 같은 마음으로 배우고 우직한 믿음으로 자기를 드려 순수히 헌신해야 한다. 기득권을 겸손히 내려놓고 속없는 거룩이나 아무도 인정해 주지 않는 껍데기 권위에서 내려와 자신을 향해 끊임없이 말씀하시는 하나님의 명령을 듣고 다시 부르시는 하나님의 소명에 응답할 수 있어야 한다.

장로가 교회의 영적 분위기와 섬김의 방향을 결정한다. 장로는 자신이 교회를 책임진다는 자세로 교회를 사랑하고 섬겨야 한다. 헌신과 결단의 다짐으로 기름 부음을 받은 장로 직임을 충성된 마음으로 감당하여 하나님과 교회 그리고 이 세상과 성도들에게 선한 영향을 끼치는 거룩한 직임, 영광스러운 직분이 되어야 한다.

장로, 당신이 교회를 온전히 세워서 장로의 직무가 영광스럽게 하라!